CÓMO SOBREVIVIR AL CAOS MENTAL

Amat Editorial, sello editorial especializado en la publicación de temas que ayudan a que tu vida sea cada día mejor. Con más de 400 títulos en catálogo, ofrece respuestas y soluciones en las temáticas:

- Educación y familia.
- Alimentación y nutrición.
- Salud y bienestar.
- Desarrollo y superación personal.
- Amor y pareja.
- Deporte, fitness y tiempo libre.
- Mente, cuerpo y espíritu.

E-books:
Todos los títulos disponibles en formato digital están en todas las plataformas del mundo de distribución de e-books.

Manténgase informado:
Únase al grupo de personas interesadas en recibir, de forma totalmente gratuita, información periódica, newsletters de nuestras publicaciones y novedades a través del QR:

Dónde seguirnos:

 | @amateditorial

 | Amat Editorial

Nuestro servicio de atención al cliente:
Teléfono: **+34 934 109 793**
E-mail: info@profiteditorial.com

INÉS C. LEMMEL

Prólogo de Pedro G. Aguado

CÓMO SOBREVIVIR AL CAOS MENTAL

Claves para equilibrar
la mente y las emociones

Amat
editorial

© Inés C. Lemmel, 2022
© Profit Editorial I., S.L., 2022
Amat Editorial es un sello de Profit Editorial I., S.L.
Travessera de Gràcia, 18-20; 6º 2ª; Barcelona 08021

Diseño de cubierta: XicArt
Maquetación: Marc Ancochea

ISBN: 978-84-9735-545-2
Depósito legal: B 2029-2022
Primera edición: Marzo de 2022
Segunda edición: Junio de 2024
Tercera edición: Enero de 2025

Impresión: Gráficas Rey
Impreso en España - *Printed in Spain*

No se permite la reproducción total o parcial de este libro, ni su incorporación a un sistema informático, ni su transmisión en cualquier forma o por cualquier medio, sea electrónico, mecánico, por fotocopia, por grabación u otros métodos, sin el permiso previo y por escrito del editor. La infracción de los derechos mencionados puede ser constitutiva de delito contra la propiedad intelectual (Art. 270 y siguientes del Código Penal).
Diríjase a CEDRO (Centro Español de Derechos Reprográficos) si necesita fotocopiar o escanear algún fragmento de esta obra (www.conlicencia.com; teléfono 91 702 19 70 - 93 272 04 47).

ÍNDICE

Prólogo 7

Herramienta 1: **Equilibrio**. 9

Herramienta 2: **Consciencia** 19

Herramienta 3: **Resiliencia** 29

Herramienta 4: **Emociones** 41

Herramienta 5: **Miedos** 55

Herramienta 6: **Culpabilidad** 65

Herramienta 7: **Creencias irracionales** 77

Herramienta 8: **Aceptación**. 91

Herramienta 9: **Abráza(te)** 103

Herramienta 10: **Autocompasión**. 113

Herramienta 11: **Zona de confort** 123

Herramienta 12: **Valores** 133

Herramienta 13: **Entusiasmo** 145

Bibliografía. 153

«El agradecimiento es la memoria del corazón»
Lao-Tse

A mi familia, por el apoyo y amor incondicional.
A Anna e Inma, por darle forma a este proyecto.
A Pedro G. Aguado, por confiar en mí desde el primer día.
A César Forcadell, por darme fuerza y ayudarme
a mantenerme en el presente.
A cada uno de los mecenas de la campaña crowdfunding.
Gracias a vosotros, este proyecto ha podido salir a la luz.

«Debemos encontrar tiempo para detenernos
y agradecer a las personas que marcan la diferencia
en nuestras vidas»
John F. Kennedy

PRÓLOGO

En el mundo actual, parece haberse instalado la costumbre de creer que la culpa de lo que nos pasa está fuera de nuestro cuerpo y de nuestra mente, que son los demás quienes provocan nuestro caos mental. Nada más lejos de la realidad. Para subsanar este error, este libro te dotará de una serie de herramientas que te ayudarán a cambiar dicha percepción y hará que descubras (si eres valiente) que la responsabilidad de tu bienestar depende única y exclusivamente de ti, y que tu caos mental se origina, básicamente, por tu manera de pensar, sentir y estar presente.

Tus estados de ánimo son el resultado de tus pensamientos, de tu forma de pensar. Gracias a las herramientas y los ejercicios de este libro adquirirás la capacidad para aceptar y abrazar lo que venga, y a dar nombre a todos los sentimientos, emociones y alteraciones mentales que a veces sufres y que no permites que se manifiesten. Ahí es cuando entras en caos mental.

Estamos en una época en la que, cada vez más, se nos exige menos, en la que nos rendimos antes y nos esforzamos menos. Pues bien, el libro que tienes en tus manos no es para personas vagas y perezosas; es un libro muy práctico y es el momento de que empieces a trabajar por y para tu bienestar. Si eres del grupo que he nombrado antes, personas vagas y perezosas a quienes les gusta que se lo den todo hecho, devuelve este libro o déjaselo a alguien que creas que sí lo va a aprovechar, pero recuerda: los libros son muy rencorosos, y si los dejas, ya no regresan.

Pero si, por el contrario, eres de esas personas que quieren hacerse responsables de lo que les ocurre, quieres esforzarte y estar presente en el camino hacia tu bienestar, si eres de las personas que quieren terminar con el ruido y el caos mental, este es tu libro, tu guía, tu brújula hacia la desconexión del piloto automático, hacia tomar las riendas y el control de tu vida, la cual, te recuerdo, está regida por tus emociones, tus sentimientos, tus pensamientos y tus circunstancias personales.

Inés C. Lemmel ha plasmado toda su experiencia profesional y vital en este manual del bienestar para salir del caos mental. Los ejercicios, las historias y los ejemplos que expone en este libro son reales y muy útiles. Con ellos y la guía de la autora conseguirás alcanzar el bienestar mental que deseas.

¡Empieza ya, y si no, deja que otros lo hagan!

PEDRO GARCÍA AGUADO
Divulgador y mentor

HERRAMIENTA 1

EQUILIBRIO

«La vida es como andar en bicicleta:
para mantener el equilibrio
siempre debes seguir avanzando»
ALBERT EINSTEIN

A lo largo de nuestra vida tratamos de encontrar el equilibrio, es decir, esa estabilidad que nos proporciona bienestar y felicidad. Pero, en ocasiones, es tan complicado lograrlo como definirlo, ya que ese equilibrio cada día más ansiado nos puede parecer, por otro lado, un concepto confuso. Para unos es algo demasiado aspiracional, algo que pertenece a un universo zen muy lejano a su realidad, mientras que para otros es una moda pasajera y no llegan a profundizar en la importancia o la esencia que hay detrás de él.

Jean Piaget[1] define *equilibrio* como «una propiedad intrínseca y constitutiva a la vida orgánica y mental». Precisamente aquí radica el primero de los grandes errores que veo a diario, dado que, en muchas ocasiones, incluso me atrevería a afirmar que ese equilibrio tratamos de buscarlo fuera, es decir, en los demás o en lo material (una gran casa, un coche caro, una familia perfecta, éxito profesional…).

Sin embargo, la realidad no puede ser más diferente. Como bien dice Piaget, el equilibrio es algo interno y, consecuentemente, para encontrarlo debemos realizar un ejercicio de introspección en el que analicemos y prioricemos cuáles son nuestros valores y qué vida deseamos realmente. Una vez que los valores y nuestras decisiones se alineen, estaremos en el camino correcto hacia el equilibrio.

Los tres pilares

El equilibrio se asienta en tres pilares: emocional, mental y físico. Debemos trabajar en estos tres apoyos para fortalecerlos, ya que solo si logramos una base firme podremos encontrar ese equilibrio de bienestar y, lo que es más importante, mantenernos en él.

Para ello debemos imaginar nuestro ser como una casa. Empezamos por la parte física, que en ocasiones es a la que se le da más importancia a nivel de fachada, y a su vez, la gran olvidada a nivel interno. Parémonos a pensar: solo nos sentiremos bien si estamos sanos, por lo que esa será la base de nuestra casa. Las paredes y el tejado, es decir, la protección, estarán bajo la supervisión de nuestra mente, quien decidirá qué entra y qué no. Somos solo nosotros los que decidimos qué pensamientos tienen cabida en nuestro hogar y cuáles debemos desechar, por lo que dejamos fuera todos aquellos que nos bloquean o nos generan inestabilidad. Con unos cimientos sólidos y contando con las herramientas adecuadas, esta selección es mucho más espontánea.

Por lo general, a mis pacientes les resulta sencillo entender que deben cuidarse físicamente y son conscientes de que debemos trabajar la parte mental para marcar esos valores y objetivos por los que luchar, pero ¿qué pasa con las emociones? Es aquí donde solemos encontrarnos con más dificultades y con un largo trabajo por delante.

La importancia de la inteligencia emocional

El ser humano sigue evolucionando en muchos aspectos y uno de los que más satisfacciones me proporciona como psicóloga es apreciar cómo la inteligencia emocional gana terreno. No hay que retroceder muchas generaciones para comprobar cómo las emociones no solo no tenían protagonismo en nuestro día a día, sino que a menudo había que ocultarlas.

Incluso la ciencia y la medicina las han ignorado, pese a la relevancia que algunas de estas emociones tienen en nuestra salud. Desde el *Mens sana in corpore sano* que ya trabajaban en la antigua Grecia para lograr el equilibrio, poco se había avanzado en el terreno médico hasta la publicación de la obra de Candace Pert *Molecules of emotion*.[2] Considerada como la madre de la psiconeuroinmunología, Pert afirmó que las emociones producen sustancias químicas que afectan a nuestro organismo. Hoy, tras muchos estudios e investigaciones, sabemos exactamente la relación entre nuestros sentimientos y nuestro físico, que da respuesta a determinadas patologías, e incluso conocemos cómo influye en un determinado tratamiento.

Aunque no necesitemos a ningún experto para que nos confirme que cuando tenemos mucha tensión nos duele la cabeza o terminamos con una contractura, también deberíamos saber que, cuando nos dejamos llevar por emociones agradables, nuestro cuerpo lo percibe de la misma forma, por lo que nos sentimos más activos y fuertes.

Así pues, hoy somos mucho más conscientes no solo del poder físico de estas emociones, sino también del dolor que supone reprimirlas. La inteligencia emocional ha ido ganando terreno y hoy sabemos que saber gestionar nuestras emociones con las herramientas correctas influye directamente en nuestro equilibrio y, por lo tanto, en la sensación de paz y armonía.

Soy consciente

Una de las claves del equilibrio emocional es la consciencia. Vamos por la vida acelerados, en modo piloto automático, de forma que estas prisas no nos dejan tiempo para nosotros, para averiguar qué sentimos o qué ocurre a nuestro alrededor. Esta es otra de las herramientas básicas que necesitamos para encontrar nuestro equilibrio: saber parar, conocer hasta dónde podemos llegar sin sobrecargarnos, vivir el ahora sin anclarnos en el pasado ni obsesionarnos con el futuro. En definitiva, trabajar la atención plena.

Debemos ser capaces de identificar las emociones que estamos sintiendo y por qué. Y esto solo requiere tiempo, el justo para parar y preguntarnos: «¿Cómo estoy?». Y, tras conocer la respuesta, debemos analizar el motivo. Es cierto que no es fácil. Muchas veces resulta complicado saber exactamente qué sentimos y, aún más, saber explicar de dónde viene esa sensación. Pero comprender nuestras emociones es la única manera de mantenerlas bajo control.

En la cuerda floja

Por si fuese poco trabajo ser capaces de mantener nuestras emociones a raya, debemos saber también que la vida no es estable.

De modo que, una vez logrado ese equilibrio, es necesario aprender a aceptar esa inestabilidad, a gestionar los pensamientos y las emociones pese a las adversidades de la vida.

Si hemos trabajado en los tres pilares de nuestro equilibrio, estaremos listos para afrontar cualquier tipo de situación sin caer fácilmente en el pesimismo ni adentrarnos en ese bucle de pensamientos negativos y emociones desagradables que tanto daño nos hacen.

Una obsesión

Otro de los peligros, mucho más común de lo que podamos pensar, es sobrepasar la línea del equilibrio, obsesionarnos y excedernos hasta el punto de ser tan exigentes con nosotros mismos que no nos permitamos sentir emociones desagradables, «obligándonos», por lo tanto, a pensar en positivo. La vida no es de color de rosa, y no por ello es menos bonita. Cada día estará compuesto de diferentes matices, de cosas buenas y cosas no tan buenas, de momentos memorables y de otros más bien insignificantes, pero todos suman. Dejar fuera lo que no nos gusta no nos ayuda si antes no hemos realizado una valoración racional.

El autoconocimiento requiere un análisis introspectivo, pero también extrínseco; es decir, debemos valorar nuestra forma de ser y de hacer a la vez que nuestras capacidades para reconocer lo que hemos sido capaces de conseguir hasta este momento. Nuestros propios jueces internos dificultan este trabajo, ya que solemos seguir una desastrosa tendencia de autoboicotearnos. Al iniciar este proceso, es importante dejar los juicios a un lado y observarnos con perspectiva, como si pudiéramos evaluarnos desde fuera. De este modo, se puede llegar a hacer frente a las adversidades y obtener una mayor seguridad en nosotros mismos.

Tanto de los logros como de los fracasos debemos extraer una lección. De todo se aprende. «La sabiduría es la perspectiva en la vida, tu sentido del equilibrio, tu compresión de cómo varias partes y principios se relacionan unos con otros» nos explica Stephen R. Covey.[3] Es aquí donde entran en juego herramientas tan útiles para este proceso de aprendizaje como las que os quiero detallar a lo largo de este libro, y así podremos hablar de la resiliencia o las creencias irracionales que tanto nos bloquean y qué podemos hacer con ellas.

El objetivo

En los siguientes capítulos pretendo ofrecer las herramientas necesarias para lograr un equilibrio entre lo racional y lo emocional. Un equilibrio que nos permitirá abordar problemas y diferentes circunstancias desde un punto de vista real y objetivo, con amabilidad y amplitud.

Recordemos que no debemos olvidarnos de que el equilibrio es la clave para una vida exitosa. El sentido que decidas darle a tu vida te marcará una dirección y esa dirección te llevará, a su vez, al equilibrio.

El equilibrio es conseguir paz interior, ecuanimidad (equilibrio mental) y armonía a pesar de las dificultades de la vida.

> *Cuida tus actos porque se harán costumbre.*
> *Cuida tus costumbres porque forjarán tu carácter.*
> *Cuida tu carácter porque formará tu destino,*
> *Y tu destino será tu vida.*
>
> Mahatma Gandhi

TOCA TRABAJAR

EJERCICIO 1

Esta primera actividad tiene como objetivo tomar consciencia de lo que nos pasa intrínsecamente. Para ello, tan solo debemos anotar qué pensamientos tenemos a lo largo del día y cómo nos hace sentir ese pensamiento.

Escribirlo nos ayudará a ponerle nombre y a diferenciar sentimientos que en ocasiones se entrelazan y confunden. Por ejemplo: no me siento bien en el trabajo, ¿será porque tengo miedo al fracaso o porque me siento frustrada al ver que no avanzo?

Saber qué tenemos dentro de la cabeza y colocar cada cosa en su sitio nos ayudará a encontrar el equilibrio y a sentirnos en armonía.

CASO PRÁCTICO

Durante un tiempo trabajé este ejercicio con un paciente que llegó a la consulta por un trastorno de adicción a sustancias. Tras 18 meses de abstinencia, seguía sintiendo un vacío. El problema radicaba en que siempre buscaba fuera cómo llenarlo, aspectos extrínsecos como socializar de nuevo, empezar la universidad, conocer a chicas, etc. A medida que fue abriendo esas puertas, seguía notando ese vacío, pero empezó a hacer introspección y a buscar dentro de él y, poco a poco, el vacío que sentía no era de la misma intensidad ni frecuencia.

HERRAMIENTA 2

CONSCIENCIA

«La consciencia solo puede existir de una manera,
y es teniendo consciencia de que existe»
Jean-Paul Sartre

Uno de los aspectos que más nos cuesta, en general, es reconocer la realidad y saber relacionarnos con ella de una manera sana y adecuada. No es necesario tener ningún tipo de trastorno para que nos sea difícil vivir en el aquí y el ahora.

Nuestro estilo de vida, las prisas, el estrés… Son muchos los factores que favorecen que vivamos sin darle la importancia que se merece al hecho de ser conscientes de todo aquello que hacemos y de lo que nos rodea. Sin consciencia nos perdemos muchas cosas que ocurren a nuestro alrededor y, si bien es cierto que algunas pueden ser insignificantes, otras no lo son tanto porque, precisamente, esa realidad es nuestra vida.

Vivimos con el piloto automático puesto. ¿Cuántas veces has llegado al trabajo sin fijarte en ningún detalle del camino? ¿En cuántos temas diferentes piensas mientras te das una ducha? ¿Cuántas veces debes asegurarte de haber hecho algo, ya sea cerrar la puerta del coche, apagar la luz o desenchufar un electrodoméstico, antes de salir de casa?

Tu realidad

Tomar consciencia del presente, parar y pensar nos hace sentirnos parte de la realidad. Para William James, autor de *The principles of psychology*,[4] publicado en 1890, la realidad es subjetiva, cada uno debería ser consciente de sus pensamientos y realidad interna.

¿Quiere esto decir que cada uno vivimos en una realidad? No, si lo entendemos como nos lo vende una película de ciencia ficción; pero sí si tenemos presente que cada uno vive su realidad dependiendo de los estímulos que recibe. Por eso no solo es individual, también es subjetiva, está en constante cambio y es selectiva, ya que la atención y la percepción de cada uno reaccionan a unos estímulos de una forma más potente que ante otros.

Un ejemplo muy claro de ello es cómo dos personas que pasean juntas por la misma calle pueden apreciar dos realidades y percepciones diferentes. Imaginamos que una está muy concentrada contando una historia y, por lo tanto, no percibe ningún otro estímulo que a su consciencia le interese en ese momento, más que la propia historia que está contando. En cambio, la otra tiene mucha hambre, por lo que solo es capaz de fijarse en la gente que está comiendo o en la cantidad de restaurantes que hay en esa zona. Seguro que, al terminar el paseo, si les preguntamos por lo que las rodeaba durante el mismo, responderán con dos versiones distintas.

Esto es precisamente lo que estudió Christof Koch en *La búsqueda de la consciencia: un enfoque neurobiológico*,[5] y llegó a entender cómo nuestras percepciones, sensaciones, recuerdos, pensamientos e incluso lo que soñamos o deseamos define nuestra individualidad.

El aquí y el ahora

El problema surge cuando nuestra realidad dista del momento en el que vivimos. Cuando nuestra mente y nuestro cuerpo no están en sintonía, y, por lo tanto, el equilibrio queda lejos. Podemos estar en una reunión con amigos y estar pensando si he aparcado bien, si me pondrán una multa o si se llevará el coche la grúa. Así, lo único que conseguimos es no disfrutar de esa reunión, no socializar, no empatizar con lo que están contando y, finalmente, quedarnos fuera.

La ansiedad y el estrés, verdaderas pandemias de nuestra sociedad, son los peores enemigos de nuestro presente. Los fármacos destinados a paliar estos efectos, tales como los antidepresivos o ansiolíticos, ya suponen un 30% del gasto sanitario cuando, en muchos casos, la solución no es tan simple como tomar una pastilla.

Varios estudios, como el realizado por Andrés Martín-Asuero y Gloria García de la Banda (Universitat de les Illes Balears, 2006), se centran en las múltiples ventajas de estar presente para lograr desarrollar una consciencia plena que nos ayude a reducir el malestar psicológico.

Cuando nos encontramos mal emocionalmente, solemos huir de nuestra realidad y vivir en el pasado o el futuro. Vivir de los recuerdos es peligroso, ya que podemos anclarnos en ellos o arrastrarnos a la toma de decisiones erróneas o distorsionadas. De igual manera, no podemos vivir en el famoso «¿y si...?», recreándonos en situaciones imaginarias, ya sean esperanzadoras o catastróficas, pero que tienen muy pocas posibilidades de ocurrir. Todo eso es producto de nuestro pensamiento automático.

Es aquí donde nos enfrentamos al reto de aceptar nuestra realidad, el presente. No podemos quedarnos anclados en el pasado, dejémoslo donde debe estar. Tanto al rememorar constantemente lo ya ocurrido como al planificar imaginariamente el futuro, nos olvidamos de lo que estamos viviendo en el presente, de lo que sucede a nuestro alrededor, de la evolución y los cambios que se producen en nosotros mismos, y dejamos de valorar lo que somos en el momento presente.

Nos alejamos de nuestro entorno y perdemos el equilibrio.

La consciencia plena

Una vez hemos entendido la facilidad que tiene nuestra mente para escapar y para autoengañarnos, debemos aprender la importancia que reviste saber vivir el presente.

«Si quieres dominar la ansiedad de la vida, vive el momento, vive en la respiración», nos dice el autor indio y maestro espiritual Amit Ray.[6] ¿Y cómo vivimos el momento? Mediante la práctica y el desarrollo de la atención consciente.

En psicología, este concepto se define como un estado mental en el que el individuo es altamente consciente y enfoca la realidad del momento presente, con apertura, amabilidad, sin juzgar ni dejarse llevar por pensamientos o por reacciones que hagan abrazarte al malestar. Por tanto, requiere una intención especial que reduzca al mínimo la utilización de piloto automático, manteniendo la consciencia de lo que ocurre aquí y ahora.

Aquí puede surgir cierto rechazo, ya que existen algunos estereotipos que nos alejan de nuestro propósito. No es necesario vestir de blanco, ni encender velas en una puesta de sol, ni ejecutar ningún ritual extraño. La consciencia plena es tan sencilla como concentrarnos totalmente en algo que estamos haciendo. En actividades cotidianas como comer sin la televisión puesta, a solas, saboreando cada bocado, apreciando las diferentes texturas, la temperatura, la luz que entra en la habitación, el sonido que hay de fondo... En resumen, alejando de tu mente todo lo que no tiene que ver con ese momento, con ese lugar y esa comida.

Otro ejemplo: lávate los dientes prestando atención solo a lo que estás haciendo. No cojas el cepillo pensando que debes comprar otro, ni te enjuagues mientras tratas de coger la toalla para acabar antes. Ese es el momento de lavarse los dientes, nada más.

Tras estos pequeños ejercicios podrás ir profundizando en la técnica del *mindfulness*, que, aunque tenga nombre extranjero, no es otra cosa que la consciencia plena. Tras años de investigación, se ha demostrado que concentrarnos en la respiración, en nuestro cuerpo y en nuestras sensaciones ayuda a rebajar los niveles de ansiedad y a recuperar el equilibrio mental y emocional.

Canalizador de emociones

La consciencia es fundamental en la regularización de emociones, algo que el psicólogo James Gross define de este modo: «El proceso por medio del cual ejerces una influencia sobre las emociones que sientes, sobre cómo las experimentas y sobre cuándo y cómo las expresas».[7] Es decir, la emoción está ahí, no podemos negarla, pero sí podemos gestionarla de la manera más sana posible. Por ejemplo, en un proceso de duelo, la tristeza, la rabia e incluso el miedo aparecerán de forma irremediable, pero está en nuestras manos dejar que esas emociones desagradables lo inunden todo y lleguen a marcar nuestra relación con el resto de las personas o no.

Esta autorregulación no solo nos aporta multitud de beneficios a nivel mental, sino también físico, algo que no debemos olvidar. De igual manera, ser conscientes de nuestras sensaciones corporales nos permite identificar algunas emociones que hemos «aparcado». Actuar en estos casos y afrontar la situación nos ayuda a prevenir desde dolores crónicos hasta somatizaciones.

Tanto la tristeza como el miedo, dos emociones básicamente desagradables, en muchas ocasiones se asocian a situaciones pasadas basadas en recuerdos (como la tristeza por la pérdida de un ser querido), o en acontecimientos futuros (como el miedo a afrontar una situación o la ansiedad anticipada). Manteniendo la atención plena en el presente, evitaremos invocar ambas emociones y buscar de manera inconsciente el malestar.

Así pues, la consciencia plena nos ayuda a frenar, observar, respirar, pensar y actuar. Y tan importante es ejecutar los cinco pasos como seguirlos en ese orden. Cambiando la respuesta ante diferentes estímulos externos podremos mantener el control de los impulsos. Y, para que la respuesta no sea impulsiva, debemos aprender a observar sin analizar, a pensar amablemente sin juzgar, y a actuar sin reaccionar. Para ello, estar en el presente es vital, ya que solo estando en el aquí y el ahora podemos observar la realidad tal y como es.

No hay más realidad que la imagen
ni más vida que la consciencia.
AZORÍN

TOCA TRABAJAR

EJERCICIO 2

En este caso, el ejercicio que debes realizar es muy sencillo y no te robará tiempo. Simplemente, tienes que «activar» la atención consciente en actividades cotidianas tal y como hemos hablado durante este capítulo. Empieza por momentos cortos como puede ser el cepillado de dientes, la ducha, un trayecto que haces todos los días o el desayuno. A los pocos segundos de concentrarte, te llegarán pensamientos de cualquier tipo; no pasa nada, déjalos pasar y vuelve a tu rutina. Cada día notarás que te cuesta menos concentrarte y esos pensamientos invasores aprenderán a esperar su turno y respetarán «tu momento». Cuando te sientas preparado, puedes probar con una meditación guiada. Las hay de diferente duración e intensidad, pero todas tienen como objetivo ayudarte a concentrarte en tu cuerpo y en tu mente, mediante la respiración.

CASO PRÁCTICO

En el terreno personal, durante muchos años, debido a la inestabilidad emocional y la desconexión con el presente, mi manera de funcionar era muy impulsiva, el pensamiento me iba muy rápido y tendía a la negatividad. Empecé a practicar la atención consciente a diario y esa nube gris, consecuencia de la impulsividad y de estar en todas partes menos en el presente, poco a poco se fue diluyendo, por lo que comencé a ver los pensamientos con perspectiva y a poder decidir sobre ellos.

A lo largo del tratamiento, muchas veces los pacientes me dicen que preferían vivir en la ignorancia porque desde que toman consciencia conectan con emociones. Siempre les digo que a veces ser consciente «pica», pero cuando nos damos cuenta de las cosas, podemos poner solución y verlas con más perspectiva; en cambio, si vivimos en la ignorancia/inconsciencia no conectamos y tenemos dificultades para gestionar pensamientos, situaciones, emociones, etc.

HERRAMIENTA 3

RESILIENCIA

«Lo que niegas te somete,
lo que aceptas te transforma»
CARL JUNG

Cuando somos niños siempre nos dicen que somos como esponjas debido a nuestra capacidad de aprendizaje. Pero hay otra característica que nos asemeja a las esponjas y que nos hace crecer como personas. Al igual que una esponja absorbe el agua y es capaz de retenerla, también tiene la capacidad de regresar a su forma original por mucho que la estrujemos. Una cualidad que podemos comparar con la resiliencia, ya que es precisamente eso, nuestra habilidad para rehacernos frente a las adversidades, lo que hace que, tras encogernos al recibir un golpe, nos levantemos para seguir caminando.

Con la edad, podemos decir que la esponja se va «atrofiando». Nos cuesta más aprender y también rehacernos. Mientras que un niño, cuando empieza a andar, se cae y se levanta casi de forma automática, cuando somos adultos, la mochila con la que carga cada uno de nosotros (en la que entran miedos, creencias limitantes, experiencias traumáticas...), empieza a pesar y puede llegar a dificultarnos ese resurgir.

La buena noticia es que, de la misma forma que podemos ejercitar la mente, la memoria, también podemos trabajar en la resiliencia, en nuestra capacidad para afrontar la adversidad.

Ponte a prueba

¿Puedes decirme cuántas veces has fallado al intentar centrarte en el presente y te has dejado llevar por un pensamiento cualquiera? Seguro que muchas. Ya hemos dicho que la consciencia plena requiere un entrenamiento que precisa de esfuerzo, fuerza de voluntad y también de resiliencia, es decir, permitirse fallar y volver a intentarlo adaptándose a los cambios que aparecen del exterior, sin juicios.

De la misma forma que la resiliencia es necesaria para entrenar nuestra mente en el terreno de la consciencia plena, es, a la vez, una cualidad vital para lograr mucho más. ¿Por qué? Porque si estoy en el presente, consciente del aquí y el ahora, es más probable que acepte las adversidades, que las vea venir y, por lo tanto, que pueda enfrentarme a ellas de una forma más eficaz. Por el contrario, si estoy anclado en el pasado o centrado en futuro, cuando llegue un problema lo sentiré ajeno, lejos de mi realidad, de modo que tardaré más en afrontarlo, un periodo de tiempo que suele ser de más dolor y sufrimiento. En definitiva, estando en el presente nos será mucho más sencillo adaptarnos a la realidad que vivimos, sea la que sea.

Ansiedad anticipatoria

Aun así, hay muchas personas que prefieren «viajar» al futuro, adelantarse a los hechos y elegir la peor de las opciones. ¿Quién no ha dicho o pensado alguna vez lo de «prefiero ponerme en lo peor»? Mis pacientes me lo repiten constantemente y yo les respondo que es un pensamiento inútil. Por mucho que te anticipes y te plantees la peor de las opciones, en realidad no estás avanzando en nada, solo consigues vivir con ansiedad durante más tiempo.

Un ejemplo: es viernes y mi jefe me dice que quiere hablar conmigo el lunes. Tengo la opción de olvidarme y centrarme en disfrutar del fin de semana con los planes que tenía previstos, o bien hundirme porque pienso que es algo catastrófico, que me van a despedir, que la empresa cierra o cualquier otro pretexto que se invente mi cabeza para generarme ansiedad durante un tiempo en el que ni tengo la certeza de que se trate de algo malo ni puedo hacer nada para solucionar el posible problema.

Y aquí entra otra de las conductas más dañinas para nosotros mismos, los pensamientos «rumiativos», esos a los que damos vueltas y más vueltas sin llegar a ninguna conclusión, solución o desenlace. En efecto, es probable que nada de todo eso esté en nuestras manos y seguramente, cuando llegue el momento presente, la mayoría de los pensamientos y situaciones posibles que hayamos podido imaginar no serán como creíamos desde la anticipación.

La resiliencia te ayuda a ocuparte y no a preocuparte. Anticiparte no ayuda, tan solo puede conseguir aumentar los niveles de ansiedad y estrés, algo que nos aleja aún más de nuestro objetivo, la estabilidad emocional.

Cambio de dirección

Las adversidades son inevitables, son situaciones que escapan a nuestro control, pero aceptarlas nos ayuda a afrontarlas de manera más efectiva. Debemos aprender a reconducir el pensamiento para lograr desarrollar una correcta capacidad de adaptación, y lo principal para conseguirlo es tomar consciencia de ellos. Si volvemos al ejemplo de la esponja, tenemos que lograr que nuestra esponja personal esté en forma, que sea como ese muelle que si comprimes se recompone de un salto. Este cambio es posible a todas las edades y circunstancias, con la única particularidad de que a unas personas les cuesta más y a otras, menos.

El motivo que explica que debamos hacer un cambio es que nuestro cerebro está diseñado para centrarse en lo negativo. Este «regalo» de la naturaleza tiene una explicación: la supervivencia. Focalizarnos en los sucesos negativos, dándoles una mayor importancia en nuestro día a día, es parte de la herencia que nos han dejado nuestros ancestros, los que debían cazar para alimentarse o pelearse por el fuego. En la teoría de la evolución hay una cosa clara, sobrevive el más fuerte, y este es quien ve el peligro. Ahora bien, esta negatividad anticipada y el hecho de centrarnos en los acontecimientos desagradables ya no tiene sentido. Una vez que hemos cubierto las necesidades básicas como son la alimentación y la seguridad, nuestra motivación está determinada por otros aspectos, tal y como indicó Maslow[8] en su famosa pirámide de la motivación humana. Los siguientes escalones son meramente sociales y el peligro no es que nos coma un animal, sino quedarnos sin amistades, no lograr el éxito profesional y, por último, no sentirnos autorrealizados.

Algo no ha cambiado, y es el hecho de que nuestro cerebro sigue siendo el encargado de mantenernos con vida.

Resulta que a él le atrae más lo negativo que lo positivo, prepararnos para lo peor.

Además, por si fuese poco, la educación tampoco ayuda, ya que no nos educan para sentirnos en calma y bienestar, ni para mostrar los sentimientos desagradables. Una situación que lo demuestra es ese momento junto a compañeros de trabajo o con personas que acabamos de conocer en el que no termina de salir un tema de conversación. Al final, ¿de qué se suele hablar? De la parte negativa. Ya sea el jefe, los horarios, el frío del invierno o el calor del verano; las «desgracias» unen. Del mismo modo, las personas que se muestran felices y orgullosas con lo que tienen pueden llegar a irritar.

La psicología tampoco ha trabajado mucho por cambiar esto hasta hace relativamente poco, con la aparición de la psicología positiva, movimiento liderado por Sonja Lyubomirsky, autora de *La ciencia de la felicidad*.[9] Hasta entonces, pocos expertos se preocupaban por la felicidad mientras que abundaban los estudios sobre la depresión, el duelo o el miedo.

Hoy sabemos que los pensamientos positivos pueden ser un motor de cambio y que este es el camino hacia el bienestar emocional.

¿Cómo ha sido tu día?

Nuestro yo anterior se hubiera centrado en lo negativo y hubiese empezado contando que se levantó tarde, que en el trabajo tuvo un problema y que había quedado con una amiga que le canceló el plan en el último momento. Nuestro nuevo yo, ese que siempre busca el lado positivo, se focalizaría en otros aspectos, como que hacía un día soleado de los que te llenan de energía, que en el trabajo se rio durante la comida con una compañera o que, por la tarde, aprovechó que se había quedado sin plan para hacer algo que realmente le apetecía mucho y para lo que nunca encontraba tiempo.

Este cambio de mentalidad tiene que ir subiendo escalones, es decir, no solo centrarnos en pequeños instantes de nuestro día, sino también en los logros y los éxitos que hemos cosechado en nuestra vida. Y no hablo de ganar un Oscar o un Nobel, porque cada día nos enfrentamos a situaciones adversas de las que salimos airosos. ¿No es eso todo un logro?

Aquí retomo el tema de la resiliencia. Porque al inicio del capítulo seguro que lo viste como algo lejano, como un reto demasiado grande, cuando la realidad es que debemos poner a prueba nuestra resiliencia cada día, ya que, por lo general, olvidamos muy pronto esas situaciones que pensamos que eran imposibles de superar. Es más, incluso llegamos a quitarnos méritos con pensamientos como «tampoco era para tanto», cuando sí lo era. Aprobar un examen; superar la pérdida de alguien o la ruptura con aquel primer novio que te rompió el corazón; enfrentarte a un primer día de trabajo; tener una reunión importante; reconciliarte con una amiga… La lista podría ser todo lo larga que quieras porque historias de superación tenemos todos.

Cuestión de actitud

Está claro que el pensamiento positivo ayuda. Ayuda a no dejarnos llevar por la anticipación negativa, ayuda a no caer en el pesimismo y en el «no puedo», pero también es crucial para afrontar los momentos complicados.

«El dolor es inevitable, el sufrimiento es opcional», dijo Boris Cyrulnik,[10] y razón no le falta. Hay situaciones muy duras y difíciles que no dependen de nosotros y no podemos cambiar, pero sí podemos cambiar nuestra manera de verlas y tomárnoslas, gestionarlas de modo que obtengamos de ellas algo positivo. Porque de todas las situaciones, por muy desagradables que sean y muy negro que veamos el horizonte, sacaremos un aprendizaje y esta es la última pieza de la resiliencia.

Tras cada suceso negativo o traumático hay un cambio en nosotros, un cambio que está determinado por cómo nos hemos enfrentado a esa situación y por cómo hemos salido de ella. No es una cuestión de perder o ganar, sino de evolucionar.

No me juzgues por mis éxitos,
júzgame por las veces que me caí y volví a levantarme.
Nelson Mandela

TOCA TRABAJAR

EJERCICIO 3

Vamos a pensar en adversidades que creías que no ibas a superar y has anticipado ansiedad/malestar, pero, una vez pasada la situación, has podido comprobar que sí has logrado salir adelante. No hace falta buscar una situación «bomba», puedes centrarte en aspectos de tu día a día.

Para darles más fuerza, no solo las pienses, escríbelas en un papel. Poner nombre a cada una de estas situaciones y pensar en cómo redactarlas te ayuda a buscar las palabras más apropiadas, lo que, a su vez, te obliga a recapacitar sobre las sensaciones y sentimientos que te despertó o te despierta ese recuerdo.

Este ejercicio no solo te sirve como recordatorio de todas las veces que, como la esponja, lograste volver a tu ser o que, como el muelle, saltaste desde lo más profundo para volver a emerger. También será como una guía llena de herramientas y sabiduría a la que recurrir cuando debas enfrentarte a una situación similar.

CASO PRÁCTICO

Recuerdo a un paciente con mucho miedo al cambio, a no saber afrontar las adversidades. Le invadían pensamientos negativos seguidos siempre de ansiedad anticipada, ya que creía que no sería capaz de superar cualquier situación que se le presentara en la vida.

Mediante un trabajo de autoestima, meditaciones, manteniéndose en el presente y ocupándose (no PREocupándose) de las cosas que surgían día a día y, sobre todo, de una en una, su capacidad de resiliencia (adaptación a los nuevos cambios) fue aumentando.

HERRAMIENTA 4

EMOCIONES

«Una emoción en sí no causa dolor.
Lo que causa dolor
es la resistencia o supresión de esta»
Frederick Dodson

Sorpresa, tristeza, desprecio, miedo, ira, asco y alegría. Estas son las siete emociones básicas, ya que, tal como ocurre con los colores, dependiendo de la intensidad de cada una o de su mezcla, se obtienen otras muchas, algunos expertos dicen que 27, mientras que otros estudios apuntan a muchísimas más.

Además, en los años sesenta, los psicólogos Paul Ekman y Wallace V. Friesen,[11] expertos en emociones y lenguaje no verbal, concluyeron tras un largo estudio que estas siete emociones eran universales e innatas. Ello quiere decir que se muestran de igual manera en cualquier rincón del mundo y que no dependen de aspectos aprendidos o culturales. Para ello, Ekman y Friesen estudiaron las tribus más aisladas del planeta, lugares remotos en los que sus moradores expresaban la sorpresa con el mismo gesto facial que cualquier habitante de Madrid o Tokio.

A priori, podemos pensar que esta clasificación de las siete emociones universales e innatas es desoladora, puesto que solamente a una le daríamos el rango de positiva, la alegría, y otra podríamos considerarla neutra, la sorpresa, mientras que las restantes entrarían en el saco de las negativas.

Precisamente estamos ante lo primordial que se debe desterrar al hablar de emociones. Todas las emociones son positivas, otra cosa es que nos resulten agradables o desagradables, pero el hecho de sentir es algo que nos demuestra que estamos vivos y sanos.

A todo ello, ¿qué es una emoción? La psicología lleva siglos intentando definir algo tan básico en su campo como son las emociones. Se pueden enumerar tantas definiciones como corrientes de pensamiento han existido a lo largo de la historia, pero una de las más completas y tal vez la que mejor se adapta a nuestro tiempo es la de Aaron Sloman:[12] «Las emociones son procesos neuroquímicos y cognitivos relacionados con la arquitectura de la mente (toma de decisiones, memoria, atención, percepción, imaginación) y han sido perfeccionadas por el proceso de selección natural como respuesta a las necesidades de supervivencia y reproducción».

Para este filósofo, experto en inteligencia emocional, el desarrollo de las emociones y su gestión es vital para sobrevivir en un mundo de continuo cambio en el que las situaciones inesperadas son una constante.

De la emoción al sentimiento

Uno de los primeros puntos que debemos aclarar al hablar de emociones es el saber identificarlas y diferenciarlas. En ocasiones, es fácil confundir emoción y sentimiento. La diferencia radica en la duración. Mientras que la emoción es temporal, el sentimiento es duradero y puede llegar a ser permanente y crónico, hasta el punto de desarrollar una posible patología.

Todo parte de un pensamiento, que puede producirse por algo interno o externo a nosotros, ya sea un recuerdo o las palabras de alguien. Ese pensamiento genera una emoción que, a su vez, se transforma en un sentimiento. Por ejemplo, un ser querido nos hace un comentario dañino. Nuestra mente hace un cóctel con todos los ingredientes que nos rodean y al comentario le suma la importancia que esa persona tiene para nosotros, el momento en el que lo hace, el tono, el tema, nuestro estado físico, psicológico o emocional (¿estoy cansado?, ¿tengo un mal día?) y, todo bien mezclado y agitado, nos lo ofrece en forma de emoción. En este caso podría ser la ira o la tristeza. Una vez terminada la conversación, nos vamos a casa tristes, tal vez también defraudados, frustrados y doloridos. Es ese sentimiento el que nos acompaña y, probablemente, el que nos mueva a tomar determinadas decisiones o llevar a cabo otras acciones. Por eso, es importante preguntarse todas las mañanas al despertar «¿cómo estoy?, ¿cómo me siento?», algo que suelo recomendar a mis pacientes para empezar a identificar y conectar con las emociones. Muchas veces no lo detectamos, pero tomar consciencia de cómo estamos nos ayudará a encarar el día.

Causa y efecto

Algo tan sencillo como que lloramos porque nos sentimos tristes o sonreímos cuando estamos alegres ha resultado muy complicado de definir para la psicobiología. Fue la teoría de Cannon-Bard[13] la que logró unir el corazón con la razón al concluir que la emoción antecede a las conductas y prepara al organismo para que responda ante las situaciones que le surjan. Es decir, el cuerpo responde físicamente a una emoción. A su vez, la respuesta puede ser voluntaria o no, e incluso podemos no ser conscientes de ella. Cuando reímos, está claro que es porque sentimos alegría, pero ¿cuánta tensión acumulas en tu espalda a causa del estrés?

Dolores musculares, desajustes hormonales, problemas digestivos y hasta tumores malignos pueden estar provocados por una somatización (nula o inadecuada gestión) de las emociones.

Aquí es donde entra en juego el saber gestionarlas. Porque, aunque tradicionalmente se haya llegado a pensar que es mejor no sentir, que debemos dejar las emociones de lado y dar prioridad a la razón, el verdadero secreto está en tomar consciencia de ellas, gestionarlas y digerirlas de tal forma que no nos ganen la batalla. Sentir no es sinónimo de ser débil, de la misma forma que no debe ser un lujo que no nos podamos permitir.

Todas aportan

Desde las más desagradables, como la tristeza o la frustración, hasta las más anheladas, como la alegría o el enamoramiento, todas las emociones suman, lo que podemos aplicar a todos los aspectos de nuestra vida. Un caso claro es el del duelo por la pérdida de un ser querido. Es normal, válido, natural, lógico y lícito sentir dolor, rabia, ira y desconsuelo. En lo que debemos trabajar es en que estas emociones no inunden nuestro día a día. Debemos aprender a aceptarlas, gestionarlas, canalizarlas y convivir con ellas, no rechazarlas. Del mismo modo, si un día nos ascienden en el trabajo, ese estado de felicidad, motivación e ilusión no se debe convertir en un sentimiento de superioridad que nos eleve a un estado irreal del que terminemos cayendo.

Aunque sepamos que de todas las situaciones debemos sacar la parte positiva y que incluso la experiencia más dura nos ayuda a evolucionar y crecer, tal como comentaba en el capítulo anterior, la tendencia natural es buscar sensaciones que nos provoquen placer y, si este es inmediato, mucho mejor. Además, por lo general, tendemos a fijarnos en lo externo y ajeno, cuando el verdadero equilibrio lo logramos si esas sensaciones agradables parten de nosotros mismos, cuando priorizamos lo intrínseco. Nuestro bienestar no debe depender de un tercero, ni de algo material, debe depender exclusivamente de nosotros mismos; de este modo, sí conseguiremos una estabilidad sincera y duradera.

Actitud y aptitud

Así pues, podemos decir que lograr el bienestar emocional depende de nuestra actitud ante la vida, de nuestra forma de enfrentarnos a los problemas o a las situaciones complicadas que nos toque vivir. Ya hemos hablado de la importancia de la resiliencia para rehacernos ante la adversidad o de la consciencia plena para saber vivir en el presente. Ahora toca el turno de la gestión de emociones para salir de ese caos mental y dejar atrás la nube negra.

Cada día, la actitud es más valorada (la positiva, obviamente). A la hora de decidir quién forma parte de nuestro círculo de amistades, evitamos a las personas tóxicas, aquellas que afectan negativamente a quienes las rodean. Este mismo «mecanismo» tiene cada día más fuerza incluso en los procesos de selección en las empresas, donde la actitud empieza a cobrar más peso que la aptitud. Es decir, una buena conducta, un pensamiento positivo, habilidades sociales, empatía y autoconocimiento tienen un peso tan o más importante que un excelente currículo. Ante una formación y experiencia similar, la actitud es el elemento diferenciador.

Inteligencia emocional

Hasta hace muy poco, la inteligencia de una persona se calculaba, simplemente, por su coeficiente intelectual, índice que mide habilidades cognitivas básicas. Hoy, la parte emocional ha tomado más relevancia, ya que se ha demostrado que la actitud puede suplir a la aptitud en múltiples situaciones, tanto laborales como sociales.

Fue Daniel Goleman quien colocó a la inteligencia emocional en el lugar que se merece. Su libro, *Inteligencia emocional*,[14] es una especie de Biblia para la psicología moderna y una gran referencia para entender por qué una mente brillante no está completa si no sabe gestionar sus emociones, si no es capaz de sentir empatía o está cerrada a la hora de relacionarse socialmente.

El desarrollo de una buena inteligencia emocional puede ayudar a prevenir trastornos, problemas psicosociales e, incluso, abuso o dependencia a sustancias, juego, nuevas tecnologías... De hecho, se han llevado a cabo estudios que demuestran que existe una relación directa entre el nivel de inteligencia y la probabilidad de caer en una adicción. Por ejemplo, las personas con un coeficiente intelectual por encima de la media suelen necesitar una mayor cantidad de estímulos, enseguida se aburren y tienden a buscar nuevos retos o ponerse a prueba constantemente. Así pues, existe un mayor riesgo a desarrollar adicción. De igual forma ocurre con las personas que presentan un coeficiente intelectual menor.

Goleman define la *inteligencia emocional* como «la capacidad de reconocer nuestros propios sentimientos y los de los demás, de motivarnos y de manejar adecuadamente las relaciones». Es más, este periodista y psicólogo, que sigue trabajando en proyectos que incentiven la educación emocional en los colegios, también desarrolló los elementos en los que debemos profundizar para ser más inteligentes emocionalmente.

El primer paso es el autoconocimiento, dado que, aunque parezca raro, en infinidad de ocasiones nos costaría explicar con palabras cómo nos sentimos. Por ejemplo, después de una discusión con un amigo, decimos que estamos enfadados, pero ¿qué esconde ese enfado? ¿Desilusión, rabia, desengaño, tristeza, decepción, ira o hartazgo? Y lo que es más importante: ¿cómo afecta esa discusión al resto de nuestro día? Saber autoevaluarnos, parar, analizar y canalizar esas emociones nos ayuda a que una simple discusión no afecte al resto de nuestra vida, al menos de forma incontrolada. Aquí podemos hablar de situaciones tan diferentes como «se me quitan las ganas de salir y me encierro en casa», o «cada vez que discuto con mi pareja me voy de compras y me gasto lo que no debería», o «me consuelo con la comida», y así incontables acciones que nos repercuten de forma negativa, física y mentalmente.

En este contexto, también debemos recordar a dos pioneros en este campo como son Mayer y Salovey,[15] psicólogos estadounidenses que ya habían definido la inteligencia emocional como «la habilidad para percibir, valorar y expresar emociones, para generar sentimientos que faciliten el pensamiento, y así comprenderlas y regularlas».

La autorregulación nos ayuda a entender qué nos ocurre y a canalizar esas emociones. No se trata de ocultarlas, pero sí de dominarlas y que no sean ellas las que se impongan.

Diferentes estudios han demostrado la relación que existe entre la regulación emocional y el lenguaje. Por eso, si no sabes por dónde empezar, verbalizar en voz alta, aunque sea ante el espejo, puede ser de gran ayuda. Permitirse sentir es el primer paso para identificar una emoción y poder, *a posteriori*, categorizarla y gestionarla de manera adecuada.

Para mí y para ti

Este conocimiento de las emociones y sus consecuencias directas empieza por uno mismo, pero el camino no debe terminar ahí. La empatía es un claro signo de la inteligencia emocional, es decir, saber reconocer en el otro las emociones que siente. Así no solo podremos ayudar, sino también estrechar los círculos tanto familiares como laborales con las personas con las que interactuamos a diario.

La empatía es una de las habilidades sociales más destacadas, pero no la única. Goleman invita a trabajar en estas habilidades no solo para sentirnos mejor con nosotros mismos, sino también con nuestro entorno. De esta manera, si ayudamos a los nuestros a sentirse bien, esto repercutirá en nuestro propio beneficio.

Por último, los estudios de Goleman incluyen la automotivación para crecer en el plano personal. Como ya hemos explicado, el cerebro está diseñado para sobrevivir y, por eso, es normal ver peligro y amenazas constantemente a nuestro alrededor. Si nos dejásemos llevar por ese primer impulso, nuestras energías se centrarían en defendernos y, al igual que una tortuga, nos esconderíamos en nuestro caparazón sin querer ver el mundo exterior. Pero, trabajando la positividad, podemos lograr que esos miedos se conviertan en objetivos. Rainer Maria Rilke, poeta en lengua alemana, escribió: «Convierte tu muro en un peldaño». No podría haberlo definido mejor.

El lugar adecuado

Cada persona es diferente y, por ello, cada uno encuentra su motivación a su manera. Hay quienes requieren un incentivo para lanzarse, mientras que otros van dando pequeños pasos de forma progresiva.

Para una regulación emocional, es importante encontrar el equilibrio entre el sistema de alerta, el sistema de recompensa y el sistema del confort. Nos podemos mover entre estos campos, pero no estancarnos. No podemos estar únicamente en estado de alerta, ya que eso implicaría sentir ira y miedo de manera permanente, algo que nos genera inseguridad y desequilibrio emocional. Tampoco se trata de estar únicamente atentos al sistema de recompensas, porque si nos centramos solo en los incentivos llegará un momento en que nada nos satisfaga y aparecerá la necesidad de querer siempre más y más. Por otro lado, el estado de confort nos ayuda a encontrar tranquilidad y calma, nos invita a cuidarnos, pero no nos permite evolucionar, protegernos ante una situación de riesgo ni enfrentarnos para conseguir recompensas o nuevas motivaciones.

¿En qué sistema te sientes más identificado?

Aunque no podemos elegir nuestras circunstancias,
sí podemos elegir nuestra forma de responder ante ellas.
ELSA PUNSET

TOCA TRABAJAR

EJERCICIO 4

Tal y como he desarrollado en este capítulo, tras un pensamiento aparece una emoción y, después, una sensación corporal.

Debemos trabajar en identificar el pensamiento y la emoción a la que va asociado, así como los cambios físicos que sentimos, lo que nos ayudará a conocer nuestro cuerpo y prevenir, así, muchas de las dolencias que sufrimos. Ejemplos hay muchos y son muy variados. Algunos son involuntarios y no tienen mucha relevancia en nuestro día a día. Hay quien disminuye la ingesta de alimentos cuando se pone muy nervioso, mientras que otros, ante los nervios, necesitan comer más o terminan el día con un tremendo dolor de cabeza.

Si todos los días llegas del trabajo con dolor de cabeza o muscular, es un caso claro de que necesitas indagar y averiguar el porqué. Retrocede y analiza qué ocurre, qué sientes y con quién lo sientes para encontrar la causa que desencadena ese proceso. Y recuerda: no siempre debe estar provocado por algo externo, en ocasiones puede ser la inseguridad o la autoexigencia lo que deja entrar ese pensamiento que nos pone tristes o nerviosos.

CASO PRÁCTICO

Creemos que sentir emociones desagradables nos hace sufrir, pero la realidad es que, si no nos permitimos sentir esas emociones, el sufrimiento se prolonga e, incluso, puede llegar a volverse crónico.

Recuerdo una paciente que acudió a terapia porque se sentía vacía desde hacía varios meses. Era un claro ejemplo de desconexión emocional como mecanismo de defensa, ya que en el pasado sufrió varios episodios traumáticos. De manera inconsciente rechazaba pensamientos y emociones desagradables relacionados con aquellos hechos, con lo que bloqueó el sistema emocional y prolongó su malestar diez años después.

Trabajé con ella para empezar a no rechazar los pensamientos y aceptar las emociones sobre aquellos hechos. Poco a poco, empezó a desbloquear esa desconexión y, aunque esto supuso sufrimiento, también comenzó a sentirse liberada y a poder llenar ese vacío.

Con este ejemplo quiero resaltar la importancia de tomar consciencia de las emociones sin intentar cambiarlas, simplemente aceptarlas tal y como vienen, para después gestionarlas.

HERRAMIENTA 5

MIEDOS

«Ser valiente no es no tener miedos,
sino enfrentarte a ellos»
MARK TWAIN

El miedo es una de las emociones más complejas y universales. Además de innata y universal, se expresa de la misma manera en cualquier parte del mundo.

Ahora bien, ¿qué es exactamente? El primer pensamiento que nos viene a la cabeza es que se trata de algo negativo: peligro, dolor, amenaza, inseguridad... y así una larga lista de palabras relacionadas con algo nocivo para nosotros.

¿Y si te digo que, gracias al miedo, estamos vivos? ¿Que el miedo es nuestro seguro de supervivencia? Desde el comienzo de los tiempos, si un hombre se encontraba con un león, sentía miedo. El instinto de supervivencia pone en marcha un mecanismo interno y, gracias precisamente a ese miedo, corremos para buscar una salvación. Si no tuviésemos miedo, probablemente el león nos comería, igual que si no sabemos reaccionar, el pánico sustituye al miedo y nos paraliza. Tanto es así que, al contrario de lo que podamos pensar, el miedo es el catalizador de la defensa.

El proceso

Desde un punto de vista biológico, la respuesta al miedo comienza en una región del cerebro denominada *amígdala* cuando detecta un peligro o una amenaza. Inmediatamente, esta lanza un mensaje a otras áreas que el cuerpo debe utilizar para luchar o huir, como es el sistema motor. Al mismo tiempo, la amígdala libera la hormona del estrés y activa el sistema nervioso simpático, lo que se traduce en una dilatación de las pupilas y de los bronquios para poder acelerar la respiración. Asimismo, aumenta la frecuencia cardíaca y se tensan los músculos y, a su vez, los órganos que no son necesarios en ese momento se ralentizan, como, por ejemplo, los del aparato digestivo.

Es decir, el miedo por sí solo activa el proceso de defensa y ataque. Hoy ya no huimos de leones (normalmente), pero sentimos miedo y nos preparamos para la lucha del mismo modo ante cualquier situación de peligro, como cuando nos hallamos frente a una persona que nos amenaza, sentimos que nos hemos perdido o vemos en riesgo nuestro puesto de trabajo. En todos esos momentos, nuestro organismo responde de la misma manera, en posición de defensa.

Colorear las emociones

En 2014, un grupo de investigadores de la Universidad de Aalto, en Finlandia, llevó a cabo un estudio en el que pidieron a más de setecientas personas que coloreasen las zonas del cuerpo en las que sentían una determinada emoción. Utilizaron los tonos amarillos y rojos para destacar las partes del cuerpo que se activaban ante un estímulo concreto, mientras que los tonos fríos se dejaron para las zonas que se paralizaban. El 73% de los participantes realizó el mismo mapa para el miedo, que motivó una alta activación del pecho y la cabeza.

Entonces, ¿por qué pensamos que el miedo nos paraliza? Existe una razón. El miedo, si no sabemos gestionarlo, se convierte en terror o pánico, sensaciones que sí paralizan y nos hacen perder el control. Incluso, en el caso extremo, se podría desarrollar una fobia.

Otras sensaciones que nos paralizan son la ansiedad (en el mapa elaborado para el estudio las extremidades se presentaron de un azul intenso) o la tristeza. Mientras que la depresión nos paraliza por completo, con la alegría todo el cuerpo está en activo, tanto el corazón como la cabeza y las extremidades. En efecto, cuando nos sentimos alegres somos más productivos.

Este estudio, que se publicó bajo el título *Maps of subjective feelings* (PNAS, 2018), sin duda puso de manifiesto cómo las emociones interfieren directamente en nuestra forma de ver el mundo.

Un límite muy fino

Tras toda esta información, llega la duda: ¿el miedo es positivo o negativo? Es altamente positivo con una condición: saber gestionarlo. De lo contrario, nos convierte en personas sumisas, que huyen de los problemas. De la misma forma, nos limita, nos impide adaptarnos a las situaciones habituales del día a día y, por lo tanto, no nos permite evolucionar ni crecer.

Por eso, es vital encontrar ese equilibrio entre el estado de alerta y el de calma. Hay que procurar mantener unos niveles de estrés sostenibles, dado que, sin miedo, directamente no sobrevivimos. Lo ideal sería mantenerse en una posición en la que asumamos riesgos sabiendo analizar las consecuencias y aprendiendo de los errores, aunque al mismo tiempo sabemos que no es nada fácil.

Distinguir lo real de lo imaginario

Una de las situaciones que más desgaste emocional provoca es no saber diferenciar el peligro real del imaginario. Nuestra mente es nuestro mayor saboteador y le encanta adelantarse para plantear situaciones posibles y ponernos a prueba.

En muchos casos creemos que saber plantearnos diferentes realidades, opciones o situaciones es lo mejor que podemos hacer para estar «preparados» ante un mundo inestable y cambiante. Así, comenzamos con los famosos «¿y si...?» y desarrollamos un argumento en el que incluimos tantos problemas como se nos puedan ocurrir. En la inmensa mayoría de los casos, esta «manía» de adelantarnos a las situaciones reales es más catastrófica cuanto más tiempo tenemos para pensar. Creemos que de esta forma nos estamos preparando para lo peor y que el impacto de una mala noticia será más llevadero, pero lo único que estamos logrando es generar un malestar innecesario y, sobre todo, alargarlo en el tiempo. Cuando tenemos un plan B nos sentimos más seguros, menos vulnerables, pero la experiencia nos dice que cuando trabajamos en un plan B, luchamos menos para que se cumpla el A.

Varios autores han estudiado lo que se denomina *ansiedad anticipatoria*, una excesiva preocupación y miedo por lo que pueda pasar que nos lleva a un estado de estrés e inseguridad insostenibles.

Según Ramón Bayés, autor de *El reloj emocional*,[16] solemos vivir en tres presentes. El presente-pasado, en el que nos recreamos en los recuerdos o nos quedamos anclados en un hecho ya ocurrido; el presente-futuro, ese en que nuestra imaginación vuela a un hipotético futuro para aplacar el miedo a la incertidumbre; y, por último, el presente-presente. Es en este último donde debemos estar, en el que somos plenamente conscientes de la situación y, además, podemos actuar, algo que no está a nuestro alcance ni en el pasado ni el futuro.

Lo que hicimos, ya fuera para bien o para mal, hecho está. Y lo que está por pasar aún no podemos ni saberlo, ni mucho menos arreglarlo, de modo que, ¿por qué vamos a preocuparnos tanto por él si no tenemos el control? La consciencia plena es la mejor arma contra la ansiedad anticipatoria. Solo importa el aquí y el ahora, lo que estoy haciendo y lo que siento en este preciso instante. De lo que pase mañana, que se encargue mi yo del futuro.

El miedo hoy en día

Como decía al principio, el miedo es lo que nos ha permitido sobrevivir como especie. Ha sido nuestra protección durante siglos, pero ahora ¿qué sentido tiene? Ya no corremos peligro de que nos coma un león o de que nos envenenemos por recolectar unas plantas desconocidas. Tampoco es probable que nos toque batirnos en duelo o ir a una guerra. A pesar de ello, el miedo sigue presente; de hecho, tiene más nombres y formas que cuando nuestra única preocupación era no morir cazando. Uno de los principales miedos en la actualidad son los celos, la amenaza a perder algo que queremos y deseamos.

Nos ponemos celosos en temas de pareja por miedo a perderla, en términos familiares porque sentimos que un hermano pequeño nos está robando tiempo con mamá, o a nivel laboral cuando sentimos que un compañero de trabajo está más cerca de ese puesto que tanto anhelamos y del que nos creemos más merecedores.

Los celos, que logran despertar otras emociones tóxicas como la envidia o la ira, son un claro síntoma de inseguridad, por lo que para combatirlos se necesitan los mismos ingredientes que para contener otros miedos: seguridad y confianza.

Vencer el miedo

La capacidad para dominar el miedo es la valentía, uno de los valores más admirados de todas las épocas. Es fácil asociar el hecho de ser valiente con ser un héroe, alguien destacado y admirado. Sin embargo, como decía Voltaire: «La valentía no es una virtud sino una cualidad común a los criminales y a los grandes hombres.» Y es que la valentía no es una virtud si la alejamos del concepto moral. Por ello, consideramos que un gesto es valiente cuando es generoso y altruista.

Ser valiente es enfrentarse a los miedos, arriesgarse, atreverse, pero huyendo del peligro o riesgos innecesarios y siempre con la humildad de pedir ayuda. Es superar las inseguridades con el propósito de avanzar, crecer personalmente y defender nuestra autoestima. Todos los días debemos ser valientes, aceptando nuestros límites para evitar que el miedo nos paralice y así poder alcanzar el bienestar emocional.

Haz siempre lo que tengas miedo de hacer.
Ralph Waldo Emerson

TOCA TRABAJAR

EJERCICIO 5
¿Cuántos sueños has dejado de cumplir por miedo? Por miedo a fracasar, al qué dirán, a perder el tiempo, a que tu esfuerzo no se vea recompensado... Y al hablar de sueños, no tenemos que irnos a grandes objetivos o decisiones que te cambian la vida por completo. Me refiero a esos momentos al cabo del día en el que has dicho «mejor no». Te pongo algunos ejemplos: no montar en bici con tus hijos por miedo a caerte y que te vean algunos conocidos, no hablar con ese chico que te gusta porque piensas que no tienes nada interesante que decir, no arriesgar en una propuesta en el trabajo por miedo a no ser valorada, no sugerir un plan diferente a tus amigos por lo que puedan pensar... ¿En cuántos de estos casos te has visto reflejado?

Te propongo que reflexiones sobre algo que has dejado de hacer por miedo y pienses qué es lo que te ha paralizado. ¿Por qué no lo hiciste? Analizar a qué tenemos miedo es realmente el primer paso para plantearnos cómo vencerlo.

CASO PRÁCTICO
Una paciente acudió a terapia con miedos que pude asociar a la hipocondría. Tenía pánico a enfermar y cada vez ese temor era mayor, lo que le estaba causando un cuadro clínico de ansiedad y había el riesgo de que esos miedos que cada vez la paralizaban más en su día a día se volviesen crónicos. Trabajamos la terapia de exposición de pensamientos, que consiste en verbalizar esos miedos infundados para enfrentarse a ellos cotejando su fundamento.

De ese dolor de cabeza que podía ser síntoma grave de un tumor fuimos rebajando toda esa tensión basándonos en evidencias clínicas y la propia autorreflexión. Muchos miedos se nos comen si no somos capaces de verbalizarlos. Al hacerlo, muchos pacientes toman consciencia de que no hay pruebas ni justificaciones para ello. Es más, como aconteció con esta paciente, una vez que se toma consciencia de la tendencia inconsciente a generarse miedos infundados e irracionales que se convierten en una auténtica bola de nieve, se aprende a evitar que vuelva a suceder en un futuro en el mismo u otro ámbito.

Interpelarse a uno mismo o hacerlo junto a un terapeuta es una de las mejores técnicas para evitar caer en el desasosiego o la alarma constante sin sentido.

HERRAMIENTA 6

CULPABILIDAD

«Volví a sentir unas ganas inmensas de vivir
cuando descubrí que el sentido de mi vida
era el que yo le quisiera dar»
Paulo Coelho

¡Ay, la culpabilidad! Si la depresión es la gran pandemia del siglo XXI, la culpabilidad es uno de sus principales factores o desencadenantes.

En este mundo hiperconectado en el que todos queremos ser tan guapas como las modelos de las revistas, tan activas como las *influencers* de Instagram y llegar a todos los planes tal y como nos cuenta la vecina del quinto o el compañero enrollado del trabajo, la autoestima es la primera que recibe golpes constantemente, pero es la culpabilidad la que se convierte en ese runrún perpetuo, en el pensamiento que nos pesa como una losa y en ese dolor en el pecho que nos acompaña día y noche.

Me siento culpable porque no hago deporte, pero también si, por hacerlo, no paso tiempo con la familia. Me siento culpable si no quedo más veces con mis amigos, pero también si, por hacerlo, dejo de lado el trabajo por unas horas. Me siento culpable si no preparo comida sana, pero también por cocinar durante toda la mañana y no utilizar ese tiempo para descansar.

Y esa espiral que no tiene fin nos aleja del equilibrio y nos sumerge de lleno en un caos mental.

A los jóvenes se les exige que estudien, que se formen y se labren un futuro profesional, pero también que sean deportistas y, cómo no, que se diviertan. ¡Solo se es joven una vez! Al cumplir algunos años más llega la «obligación» de ser buen profesional y de formar una familia. Debes cuidar de la pareja, de las amistades y de los hijos y, al mismo tiempo, no descuidar tu cuerpo, tus intereses y ¡seguir sintiéndote joven! Y esto no para porque, incluso en los últimos años de nuestra vida, nos exigimos no descansar. ¡Tengo que apurar el tiempo que me queda!

Pero el día tiene 24 horas y la semana, siete días. ¿Qué hago?

No es una carrera

Ante esta situación, en la que fácilmente la culpa puede derivar en ansiedad y depresión, muchos libros de autoayuda te dirían que la clave es priorizar. Este consejo es válido para que nuestra autoestima no se dañe al ver que no llegamos a nada o que todo lo dejamos a medias. Si logramos priorizar y dedicar el tiempo necesario a cada tarea, la autoestima se verá recompensada porque eso lo hemos hecho bien, pero la culpabilidad seguirá ahí por no haber llegado al resto de tareas.

Cuando, ante una lista inmensa de cosas por hacer, aplicamos el elegir y olvidamos el renunciar, nuestra percepción sobre nuestro tiempo y nuestra actividad cambia. Debemos elegir qué queremos, pero hacerlo de forma objetiva.

Y el primer requisito, el tiempo, está lejos de nuestro alcance. Pero el segundo, lograr que aspectos positivos como aspirar a lo mejor, buscar la excelencia y no conformarse con lo mínimo o lo sencillo no se giren en contra nuestra y se conviertan en un obstáculo insalvable, sí podemos alcanzarlo.

Este consejo puede parecer fruto de la vida moderna, pero no. Ya en la Biblia se dice: «¡No seas demasiado bueno ni demasiado sabio! ¿Para qué destruirte a ti mismo?» (Eclesiastés 7:16). Y es que esa exigencia solo puede conducirnos al «abismo de la perfección», un alto acantilado en el que la caída supone un duro golpe físico y mental.

Cada día nos exigimos más a nosotros mismos. ¿Acaso no tenemos bastante con lo que nos exigen desde fuera? La hiperexigencia nos lleva a un ritmo insostenible, a conducir permanentemente a una velocidad peligrosa, a querer superarnos antes de haber llegado y, lo que es peor, antes de haber disfrutado del camino.

La psicóloga Jenny Cohen Asse, en su artículo «La autoexigencia como generador de estrés, angustia y vacío existencial»,[17] explica que el hecho de exigirnos cada día más puede generar angustia y que el estrés y la insatisfacción acumulados en el tiempo son los mayores desencadenantes de procesos depresivos o ataques de ansiedad. Lo hace desde sus conocimientos en la materia, pero también desde una experiencia personal, lo que la lleva a plantear la cuestión de si esta sobreexigencia a la que nos sometemos nos ayuda a superarnos y ser mejores personas o bien nos debilita y nos destruye poco a poco.

No somos héroes

Encontrar el límite es básico, pero también lo es dejar de centrarnos en los errores y limitaciones (que todos cometemos y tenemos, respectivamente). En definitiva, hay que saber perdonarnos. El dolor disminuye con el perdón, y este no debemos entenderlo como un concepto religioso, sino que, como bien dice Marian Rojas, «perdonar es ir al pasado y volver sano y salvo». Y lo de sano es en el sentido literal de la palabra, ya que hay numerosos estudios que demuestran que practicar el perdón es beneficioso para la salud mental, pero también física.

Un estudio publicado por la revista *Psychological Science* en 2001 asoció el rechazo a perdonar con una mayor acumulación de sentimientos como ira, tristeza o nerviosismo. De forma paralela, el Hope College demostró que mantener en el tiempo estas sensaciones, así como el rencor prolongado, incide directamente en nuestro organismo, ya sea con tensiones musculares o con un aumento de la frecuencia cardíaca o de la presión arterial.

Han sido muchas las investigaciones y trabajos efectuados en este campo y todos se pueden resumir en lo que se afirmó desde la Universidad de Tennessee: «Hay una gran relación entre el perdón y la salud. Por lo tanto, las consecuencias para la salud de la falta de perdón se pueden medir por el aumento de los niveles de emociones negativas. La reducción de ese tipo de sentimientos explica cómo el perdón opera en el cuerpo humano».

De la misma forma, otros muchos estudios de diferentes universidades han demostrado que la energía que nos transmite el perdón es beneficiosa para nuestro sistema cardiovascular e incluso para ayudar a nuestras defensas a estar más fuertes.

Por supuesto, estas ventajas no solo se obtienen cuando perdonamos a alguien que nos ha hecho daño, sino también cuando practicamos el perdón con nosotros mismos. De hecho, esta parte suele ser la más difícil, ya que siempre nos analizamos con las normas más rígidas y nos ponemos el listón un poco más alto de lo que haríamos con un familiar o amigo.

No son errores, son lecciones

Si bien en los próximos capítulos hablaremos acerca de la autocompasión y la necesidad de abrazarnos y querernos, aquí hay que destacar esa tendencia al victimismo que todos, en algún momento, tenemos. Del sentimiento de culpa al victimismo hay solo un paso y, además, es muy sencillo darlo. Por eso debemos dejar de machacarnos, desechar esos juicios autodestructivos y ese vivir en una culpa eterna tanto por lo que hice como por lo que no.

El perfeccionismo puede llevarnos a potenciar nuestras fortalezas, pero también a destruirlas; es por ello por lo que debemos ser buenos con nosotros mismos.

Los errores nos hacen crecer, son una lección de la vida, y así debemos tomarla, como una oportunidad de evolucionar y no de juzgarnos y castigarnos.

Es el momento de soltar todo lo que te ata, todo lo que te genera malestar y no te permite avanzar. La inmensa mayoría de las veces, el peor enemigo eres tú mismo con tus autojuicios. Solo aceptándote, lograrás crear la mejor versión de ti mismo.

Las tres caras de la culpa

Hasta ahora nos hemos centrado en una culpa interna, en un problema de nosotros con nosotros mismos. Pero la culpa tiene otra cara, la que incluye a otra persona, a alguien a quien hemos perjudicado (intencionadamente o no).

De hecho, la culpa es un patrón de respuesta emocional que surge de la creencia de haber transgredido las normas éticas o sociales y, sobre todo, cuando a consecuencia (o ausencia) de este acto se ha causado daño a otra persona. Muchas veces, la culpabilidad puede ser percepción nuestra y no ser real, así como el nivel de daño que creemos haber provocado: pensar que hemos fallado a un amigo cuando más lo necesitaba, sentir que le hemos robado méritos a un compañero de trabajo que se esforzó más que yo, imaginarnos que nuestros hijos esperaban más de nosotros o que no estuve con mi padre cuando más me necesitó.

Esa parte de culpa externa, de pensar que no he estado a la altura con el mundo, nos genera una gran cantidad de angustia y estrés y, lo que es más importante, afecta a nuestro comportamiento futuro.

Cuando hablamos de la tercera cara de la culpa, nos referimos a la tendencia que tenemos, sobre todo cuando uno no está bien, de culpabilizar a los demás de nuestros errores o malestar y de justificarnos para evitar tomar consciencia de que hemos fallado o estamos fallando. Esta actitud, algo cobarde, es la más fácil y menos dolorosa para nosotros, ya que es mucho más sencillo cargar la responsabilidad a los demás y no ocuparnos de reconducir aquello que no hemos hecho.

Piedras y pompas

Para explicar el peso de estas emociones, a los niños pequeños se les cuenta que cada uno lleva una mochila y que, en esta, cada día somos nosotros mismos los que la llenamos de piedras o de pompas de jabón.

Obviamente, las piedras pesan mucho y no nos dejan avanzar, mientras que las pompas nos ayudan a correr más, a avanzar e incluso a flotar y volar. Las pompas no son sino todos esos sentimientos positivos que nos dan impulso, que nos llenan de positividad e ilusión.

La culpabilidad es una de las piedras más pesadas, por lo que debemos esforzarnos en sacarlas cuanto antes de nuestra mochila. Y el «arma» más eficaz no es otra que la responsabilidad.

Siempre les digo a mis pacientes que deben cambiar la culpabilidad por la responsabilidad, de manera que tomaremos ese «error» como un aprendizaje. Para ello, primero debemos identificar la culpa: ¿qué nos hace sentirnos así de mal? Nos ayudará a ello ser capaces de observar desde fuera la situación, tomando consciencia de todo lo que implica mi sentimiento. Analizando desde una posición objetiva, es más sencillo evaluar y valorar con mayor realismo la situación.

Después debemos comprender que la culpa pertenece al pasado; si nos aferramos a ella, nos olvidamos del aquí y el ahora y, como ya sabemos, esto no nos permite avanzar. Por eso nos decía Marian Rojas que debemos viajar al pasado, pero siempre teniendo en cuenta que vamos con billete de vuelta. Vamos, arreglamos el problema y volvemos.

Obviamente, esto no siempre es tan fácil, pero nadie dijo que lo fuese. En unos casos todo dependerá de una conversación pendiente con una persona especial, mientras que en otros será un perdón sincero el ingrediente que faltaba. No hay una receta única, y por eso es tan importante analizar cada caso desde la responsabilidad. Recuerda no caer en el victimismo y pensar que el mundo está en tu contra. Debes poner de tu parte, ser valiente y hacerte responsable de tus acciones, hechos y palabras. Solo así podrás cerrar ese capítulo de tu vida y seguir adelante con una mochila repleta de pompas.

Hay un remedio para las culpas, reconocerlas.
Franz Grillparzer

TOCA TRABAJAR

EJERCICIO 6

Siempre debemos recordar que la culpa es una sensación adaptativa. Es decir, cumple la misión de ayudarnos a comprender, analizar y actuar ante una situación. Al hablar de sensaciones, no podemos olvidarnos de que todas son positivas, incluso las que consideramos desagradables.

Seguro que te estás preguntando: pero ¿qué tiene de bueno la culpa?

Para empezar, sentirte culpable por una acción que crees que ha dolido a otras personas demuestra que eres una persona empática. El reto es lograr cambiar esa culpabilidad por responsabilidad. Para ello debemos subir varios escalones, tales como identificar qué es lo que me genera malestar, aceptar mi parte de culpa, practicar el perdón si fuese necesario y, ante todo, responsabilizarme de mis hechos. Como se suele decir, «a lo hecho, pecho». Esconderse, intentar olvidar, actuar como si no pasase nada o guardártelo para ti, solo aumenta el malestar.

¿Empezamos por un caso sencillo? Estás en la puerta del cole después de un día de locos y te das cuenta de que has olvidado la merienda de tu hija o hijo. El proceso es más bien este: pienso que soy una mala madre, me hundo y me invade una sensación de culpabilidad, tristeza, fracaso, frustración… Luego, comienza la parte física: caída de hombros, mandíbula tensa, ojos tristes.

El niño sale del colegio y no le recibes con un abrazo, sino con una disculpa, con un lamento. La tarde empieza mal.

¡Corten! Volvamos a la puerta del colegio. Ahora nos damos cuenta del olvido, pero cambiamos el «soy una mala madre» por un «con el día que he tenido, bastante he hecho llegando a tiempo». No somos héroes y tenemos límites, pero también recursos. Rechazamos todas esas emociones negativas, nos hacemos responsables de la situación (no le echo la culpa al tráfico, ni al jefe, ni al padre), se me ha olvidado a mí y yo lo soluciono. Sale el niño del cole, le doy un abrazo, le cuento lo sucedido y le propongo ir corriendo a su sitio favorito a merendar juntos. Y ya tengo un bonito plan para una tarde de martes.

Tras este ejemplo sencillo, ¿en cuántas ocasiones te has visto reflejado en esa madre y no has sabido reaccionar? Podemos cambiar la merienda por lo que quieras, algo del trabajo, un ingrediente para preparar la cena, una prenda en una maleta, una llamada a una amiga, un cumpleaños… Análisis, responsabilidad y acción. No hay otro camino.

CASO PRÁCTICO

Recuerdo un paciente que acudió a terapia con síntomas depresivos y mucha angustia. Su pensamiento giraba en torno a la negatividad y la búsqueda de «¿por qué?» y «¿cómo?» había llegado hasta ese punto y se refería constantemente a su pasado con la típica frase: «Con lo que yo era…».

Empezamos a indagar mediante la línea de vida, a hacer un trabajo introspectivo en sesiones, y empezamos así a tomar consciencia de sus pensamientos. Poco a poco, a través de estos ejercicios, el paciente empezó a conectar con cómo se trataba a sí mismo, los mensajes que se daba y lo culpable que llegaba a sentirse por no cumplir las expectativas de su entorno. Empezó a reformular los mensajes, practicando la autocompasión bien entendida, y se permitió pensar que, como ser humano, nadie tiene «superpoderes» y uno llega hasta donde puede llegar.

HERRAMIENTA 7

CREENCIAS IRRACIONALES

«Sufrimos más por lo que imaginamos
que por lo que sucede en realidad»
Séneca

Entre todos los factores y elementos que nos hacen perder el equilibrio y caer en el caos mental, algunos son racionales y otros, irracionales. Es decir, algunos pensamientos que tenemos a lo largo del día son reales y otros, aunque podemos percibirlos como reales, es nuestra mente que trata de boicotearnos.

Multitud de actitudes o comportamientos de nuestro día a día, aunque no nos gusten o no nos sintamos orgullosos de ellos, obedecen a una razón. No obstante, este proceso de diferenciar si el pensamiento que me invade es real o no, no siempre es sencillo. ¿Cuántas veces has dicho que no eras capaz de hacer algo sin haberlo intentado? Y, sobre todo, ¿sin saber por qué decías que no podías? Y aquí podría explayarme poniendo ejemplos con los que ocuparía varias páginas, pero te voy a contar una experiencia personal.

De niña, a lo largo de la etapa escolar, no fui muy buena estudiante, a pesar de que tenía clarísimo que quería ser psicóloga, ya que siempre me ha interesado el comportamiento de las personas y saber cómo funciona la mente. En el colegio no tuve suerte con los profesores, y con esto no me quito responsabilidad de mis malas notas, pero ante mi falta de esfuerzo, en lugar de motivarme o de intentar saber qué había tras esos suspensos, llegaron a decirme que me replanteara mis sueños, que no sería capaz de estudiar una carrera y que era mucho mejor que buscase algo más sencillo.

Cuando algo así te lo dicen varias personas que se supone que deben ser tus referentes, acabas por creértelo y pasar de curso año tras año era dificultoso. Por suerte, la psicología siguió llamándome y aprendí el poder que las creencias irracionales tienen en nuestro subconsciente. Deshacerte de ellas es un proceso largo, pero se puede. Además, suele ser un requisito imprescindible para cumplir un sueño.

Cuando logré reconducir esas creencias, me volqué de lleno en mi proyecto y hoy puedo decir que he conseguido uno de mis sueños, que trabajo en lo que siempre he querido: psicóloga, sanitaria y especializada en adicciones. Y uno de esos sueños sigue siendo el de ayudar a los demás a trabajar en su interior, para conocernos mejor y eliminar esos límites que solo existen en nuestra mente.

¡Arranca la etiqueta!

En mi caso, esa creencia irracional y limitante que me frenaba era una etiqueta que me colgaron externamente tanto profesores como relaciones tóxicas. Sin embargo, no todas las etiquetas que llevamos pegadas en lo más profundo de nosotros nos las han impuesto desde una actitud negativa o con maldad.

La mayoría de esos pensamientos negativos sobre nosotros se forjan en la infancia y adolescencia, cuando nuestro desarrollo está en pleno apogeo. Y muchas de ellas provienen de frases, consejos o situaciones en las que nuestros padres tan solo querían protegernos o ayudarnos. Pero esa frase, que resulta de la experiencia de un adulto, pasa por el filtro de un niño, que la gestiona y la interpreta a su manera. Desde un «solo los bebés lloran», que interpretamos como que las personas adultas no pueden mostrar sus sentimientos, hasta un «dale un beso al abuelo que, si no, no te va a querer», que traducimos como si no hago lo que la otra persona espera no me querrá.

A esto hay que sumarle las etiquetas sociales como «las niñas no juegan al fútbol», «los hombres no lloran», «las mujeres no estudian determinadas carreras», «las personas exitosas son las que tienen un buen puesto de trabajo y ganan mucho dinero» o «el hombre siempre es el más fuerte».

Y el conjunto de todo esto (normal en cualquier infancia) puede dejarnos una secuela más o menos profunda. Todas esas etiquetas que nuestra cabeza interpretó y asimiló como negativas, en un futuro se traducirán en inseguridad, rechazo y pérdida de confianza.

Pero lo peor no es que todas estas ideas entren en nuestro subconsciente y se instalen en el sitio más cómodo; lo más dañino es que nosotros no sabemos que existen ni, mucho menos, lo que pueden llegar a limitarnos. Así pues, el primer paso es identificarlas.

Consciente de la irracionalidad

Como diríamos de forma coloquial, cada uno de los que aquí estamos tenemos nuestras taras, nuestros errores de programación y nuestras manías. Ahora bien, lo que tal vez no sepas es que algunas de estas creencias son más comunes de lo que podríamos imaginar. Sí, existen unas creencias limitantes básicas, como ya dijimos que existen unas emociones básicas y universales.

Fue Albert Ellis, psicoterapeuta cognitivo, creador en 1955 de la terapia racional emotiva conductual (TREC),[18] quien enumeró las creencias irracionales, y obtuvo como resultado once ideas que él mismo, posteriormente, sintetizó en tres, que se pueden resumir de este modo: necesito la aprobación de los demás para sentirme bien conmigo mismo a la vez que los demás deben ser justos, agradables y considerados, mientras que la vida me debe ofrecer las condiciones necesarias para poder lograr lo que quiero.

Pero el auténtico regalo que Ellis nos dejó fue el modelo ABC, con el que logró explicar por qué cada individuo responde de manera diferente ante una misma situación. Esta diferencia parte de nuestras creencias irracionales y de lo arraigadas que las tengamos.

Como ya dijo el filósofo griego Epicteto: «Las personas no se alteran por los hechos, sino por lo que piensan acerca de los hechos». O, dicho de otro modo, lo que nos afecta de forma negativa o positiva no es el hecho en sí o la situación que hemos vivido, sino la forma en la que lo interpretamos.

Te doy un ejemplo claro. Estoy paseando por la calle y me cruzo con un amigo, pero este no me saluda. Antes de evaluar la situación, ya nos han invadido los pensamientos, porque estos son automáticos. Así, en mi mente se agolpan frases como «no me ha querido saludar», «he perdido un amigo», «si este no me acepta, nadie del grupo lo hará», «me voy a quedar sin amigos», y así hasta el punto más catastrófico al que la imaginación nos puede llevar. Ello nos produce tristeza, frustración, desilusión, desasosiego...

En la teoría de Ellis, la A pertenece al acontecimiento o situación: «Mi amigo no me ha saludado». La B son los pensamientos y creencias. «Mi amigo no me quiere». Y la C, las consecuencias: «Me siento triste».

Así pues, para vencer esta creencia irracional debo poner en duda el pensamiento. Sabemos que este es automático y no podemos controlar lo que pensamos, pero sí gestionarlo. Cuando tomamos consciencia de que nos estamos juzgando, debemos frenar y evaluar. En este caso, mi amigo no me ha saludado, pero igual no me ha visto, o tal vez no era él, y ¿por qué no le he saludado yo?

Debemos poner en duda todos esos pensamientos que nos generan malestar. Es importante evitar anclarnos en el pasado, ya que los pensamientos tienden a distorsionarse cuando volvemos atrás y analizamos la situación, algo que nos puede afectar de forma negativa.

¿Cuánto te conoces?

Cuando hablamos de creencias irracionales, nos cuesta admitir que haya algo de nosotros mismos que no conozcamos. Pensar que ciertos comportamientos actuales son fruto de una situación que no supe canalizar de forma correcta en mi infancia puede sonar muy duro. Así pues, lo primero es aclarar que no hablamos de traumas, sino de algo natural que está dentro de lo que es educar, madurar y desarrollarse.

El problema llega cuando esas creencias, ese «hijo, no escales que eres muy torpe y seguro que te caes» (frase dicha con todo el cariño del mundo, porque incluso puede ser cierto que de pequeño no eras muy hábil), se convierten en una losa que te impide hacer determinadas actividades. Has aceptado que eres torpe, cuando tal vez hace veinte años que dejaste de serlo o, simplemente, nunca lo has sido.

Todos tenemos nuestras limitaciones; hay personas más hábiles que otras, de igual forma que las hay más rápidas, más meticulosas o más independientes. El punto clave de todo esto es reconocer cuáles de estas limitaciones son reales y cuáles son creencias irracionales.

Para conocer más sobre nosotros mismos, y sobre cómo nos relacionamos con el exterior, una de las herramientas de autoconocimiento más sencillas es la *ventana de Johari*, que debe su nombre a sus creadores, los psicólogos Joseph Luft y Harry Ingram.

Para este ejercicio de autoconocimiento, solo debes hacerte dos preguntas: ¿cuánto me importa de verdad lo que los demás opinan de mí? y ¿cuánto me atrevo a decir lo que pienso? El resultado de estas respuestas representadas en un gráfico te dará como resultado cuatro cuadrantes, o lo que sus creadores denominaron «ventanas».

La primera ventana es la denominada «zona libre» o pública, que englobaría tanto lo que yo como los demás ven de mí, es decir, mi yo más transparente y natural, el original. La segunda, el «yo escondido», es la parte que yo conozco, pero no muestro: miedos, experiencias dolorosas, secretos…, una parte de la que yo soy consciente y no quiero mostrar. La tercera ventana es el «yo negado», en el que entran todos aquellos aspectos de tu personalidad que el mundo ve, pero tú no. Por ejemplo, puedes pensar que eres una persona poco empática, mientras que tus amigos te consideran alguien a quien pueden contarle sus problemas sabiendo que les vas a ayudar.

Por último, la ventana que debería ser más pequeña representa al «yo oculto», la parte más oscura de la personalidad, la que nadie ve y yo niego. Y es esta la que, en caso de ser muy amplia, puede devorarnos. Es la irracional, la más escondida, la que debemos trabajar para identificarla y sacarla a flote. Porque una cosa debemos tener clara: no solo las creencias limitantes están escondidas, también puede haber fortalezas.

Para crecer y evolucionar, el objetivo es ampliar la ventana que representa el yo libre, el auténtico. Para ello debemos realizar un ejercicio de introspección y autodescubrimiento. Es complicado y habrá momentos duros, pero vale muchísimo la pena.

Mi yo interior

Además de todos esos «yo» que hemos reflejado en la ventana de Johari, hay un elemento más en nuestra cabeza al que podemos llamarle Pepito Grillo. Sí, al igual que Pinocho, todos y cada uno de nosotros tenemos un Pepito Grillo que se convierte en ángel cuando nos susurra buenas acciones o en diablo cuando encarna al mal.

Este Pepito Grillo ha sido objeto de muchos estudios, tanto que incluso investigadores de la Universidad de Oxford lo han situado en nuestra corteza prefrontal anterior. Y es que esta zona sigue activa incluso cuando ya hemos tomado una decisión. Sí, cuando ya hemos decidido que no iremos a tal sitio o que vamos a llamar a determinada persona, esa parte de nuestro cerebro (esa parte de nuestro cuerpo que tanto se esfuerza en que respiremos para no morir como nos sabotea con las técnicas más dolorosas) sigue activa, sigue evaluando, sopesando e incluso imaginando otras opciones más que ni se nos habían ocurrido.

Si antes de conocer las consecuencias ya nos está machacando, ¿qué pasa cuando creemos que hemos elegido mal? Pues sí, que ahí está para decirnos «¿lo ves?» y guardarse ese as en la manga para utilizarlo cuando lo necesite.

Entre las cartas con las que juega Pepito Grillo están, precisamente, nuestras creencias irracionales más limitantes. Por eso, ante cualquier proyecto o situación nueva, nuestro Pepito Grillo salta al grito de «¿seguro que eres capaz?». Y en nuestro subconsciente se recrea la imagen de aquella vez lejana en la que ocurrió algo parecido y una persona nos dijo... Y nuestra cabeza decidió que no.

Llevándolo a mi terreno, el de las adicciones, esta historia de Pepito Grillo es algo que siempre les cuento a mis pacientes (aunque yo le pongo un nombre menos dulce). Todos tenemos un Pepito Grillo. La diferencia es que las personas que tienen un equilibrio mental saben gestionar y tratar con ese yo interior, mientras que las que se sienten en un caos mental caen en la frustración, la tristeza o la depresión. En el caso de los adictos, este malestar los acerca al consumo. Recaen una y otra vez en la dependencia para acallar una sensación de placer inmediato, mientras esas voces nos machacan desde nuestro interior.

Sé que estás pensando en cómo acabar con tu Pepito Grillo pero no, no puedes. Lo que sí está en tu mano es convertirle en tu amigo. Así lograrás no solo encontrar cuáles son tus límites irracionales, sino también cambiarlos, y conseguirás cambiar tu vida de forma radical, cambiar el «no puedo» por «voy a intentarlo». Y digo intentarlo porque no me gusta el «yo sí puedo», tan manoseado en frases de autoayuda. No podemos hacerlo todo, no podemos ser buenos en todo, pero para saberlo deberemos intentarlo, y eso sí podemos hacerlo.

Tienes más potencial de lo que dicen tus creencias.
SAM SNEAD

TOCA TRABAJAR

EJERCICIO 7

Una vez que hemos conocido a nuestros diferentes «yo» gracias a la ventana de Johari, vamos a continuar con este ejercicio de autoconocimiento para rellenar esas ventanas con frases concretas.

El análisis DAFO, técnica creada por Albert S. Humphrey,[19] es una de las herramientas más utilizadas por las empresas para analizar cuáles son sus fortalezas y debilidades, así como los de la competencia, para poder plantear una estrategia de negocio evaluando los riesgos y las oportunidades.

Aunque es algo propio de los análisis de mercado, la psicología ha sabido adaptarlo a su campo. Así, tenemos una potente herramienta de autoconocimiento que nos es de gran ayuda para poder crecer personalmente.

DAFO son las siglas de debilidades, amenazas, fortalezas y oportunidades. Sabiendo esto, toca ponerse manos a la obra con el autoanálisis. Empecemos por las debilidades. Son las limitaciones propias. Llegados a este punto, ya las conocemos e incluso hemos desbloqueado alguna irracional. Por amenazas entendemos los factores externos negativos. En el lado positivo, encontramos las fortalezas y las oportunidades.

Con toda esta información, no solo nos conoceremos en profundidad, sino que también sabremos cómo mejorar y en qué.

Este análisis puede serte muy útil en el aspecto laboral, por ejemplo, para preparar una entrevista o emprender un negocio.

Pongamos el ejemplo de una psicóloga que acaba de terminar la carrera y no sabe qué hacer con su vida. Sus debilidades serían su falta de experiencia y de contactos. Sus amenazas, la alta competencia y el miedo a no estar a la altura y fracasar. En el lado positivo, destacamos en sus fortalezas sus ganas de aprender y los conocimientos de nuevas técnicas, así como una visión moderna de la psicología. ¿Sus oportunidades? La demanda de psicólogos cada vez es más alta y existe un amplio campo en el que especializarse.

Debilidades	Amenazas
• Falta de experiencia y de contactos	• Alta competencia • Miedo a no estar a la altura y fracasar
Fortalezas	**Oportunidades**
• Ganas de aprender • Conocimientos de nuevas técnicas • Visión moderna de la psicología	• Demanda de psicólogos cada vez más alta • Amplio campo en el que especializarse

Así, esta chica, además de ver el lado positivo de un currículo escaso, también puede focalizar sus esfuerzos para saber por dónde seguir y avanzar. Tal vez no le den el trabajo, pero habrá sido una oportunidad de introspección y autoconocimiento.

CASO PRÁCTICO

Hace un tiempo, un paciente acudió a terapia por un conflicto maternofilial. Él verbalizaba que se sentía rechazado por su madre, que esta no le quería, ya que, muchas veces, tenían conflictos por conceptos impuestos por la sociedad, en este caso, en cómo debe ser una familia y cuál tiene que ser el papel de madre. Creemos que, si no nos dicen que nos quieren, o no nos muestran afecto, ya no nos quieren.

En este caso, debido a estos límites y la falta de afecto, el paciente creó ese pensamiento irracional hacia su madre, lo que le suscitaba un profundo desasosiego que se traducía en frustración constante. El rechazo y distanciamiento hacia su madre únicamente reforzaba esa creencia irracional, lo que producía más dolor, de modo que entraba en una peligrosa espiral. En terapia no solo buscamos el equilibrio entre el afecto y el cariño, sino también entre los límites de la madre, el hijo y la sociedad.

HERRAMIENTA 8

ACEPTACIÓN

«La relación más poderosa que jamás tendrás
es la relación contigo mismo»
STEVE MARABOLI

Conocerse a uno mismo es la única forma de poder identificar las emociones y canalizarlas hacia el bienestar personal. A menudo nos dejamos llevar por esas falsas creencias sobre nosotros o sobre nuestro entorno, tal como comentábamos en el capítulo anterior, ya sea el familiar o el laboral, que hacen que optemos por evadirnos en vez de pararnos a pensar en los motivos que hacen que no logremos estar en paz con nuestro interior y que, a menudo, nos supere la ansiedad.

Si, además, se ha producido recientemente alguna situación de conflicto con otras personas, puede que la culpa nos esté eclipsando y, si no lo valoramos de forma correcta, que estemos a punto de caer en la autocompasión en su vertiente negativa.

La aceptación de uno mismo no significa, para nada, conformarse, es decir, quedarse estancado o esconderse bajo las sábanas. Con la ayuda de un terapeuta y, especialmente, siendo resilientes, podremos evitar que una situación nos colapse.

Encarar la realidad

En marzo de 2021, el doctor Craig Malkin[20] exponía (en una conferencia en la que presentaba su libro *Rethinking narcissism*) el paralelismo entre la importancia de ser capaces de afrontar una situación que nos parece un callejón sin salida, por un lado, y el terror que vivíamos de pequeños con ese supuesto monstruo debajo de la cama, por el otro. ¿Qué hacíamos? Huir de él y buscar cobijo en la cama de nuestros padres y/o hermanos.

Aparentemente, en la niñez y en la adolescencia tenemos mayor dificultad para afrontar solos los miedos. Sin embargo, a medida que maduramos y afrontamos situaciones que previamente nos generaban miedo desde la racionalidad y la resiliencia, ese terror se convierte, conscientemente, en todo un aprendizaje vital. Es más, superar esa situación nos permite que, en un futuro y ante una nueva encrucijada parecida, no nos resignemos y seamos capaces de encararla sin sucumbir al caos como antes. El conocimiento de nuestra forma de actuar, aunado a nuestro esfuerzo por no darle fuerza a esa emoción, será nuestro aliado para evitar que la autocompasión o el miedo se apoderen de nosotros.

La aceptación de uno mismo y de los propios errores nos conecta con el aquí y el ahora, con el trabajo necesario a realizar y la recompensa que todo ello conlleva a nivel de salud mental y, por consiguiente, física.

Es así que, como terapeuta, he visto lo importante que es el autoconocimiento y la autoaceptación para que los pensamientos que apelan al miedo, la ira y la tristeza no cojan fuerza y podamos levantarnos ante una situación de la cual, en otras ocasiones, huiríamos o que nos llevaría a caer en la dependencia, en sus múltiples variantes. Hay que convivir con esas experiencias, saber vislumbrar qué es real y qué no y cómo podemos madurar para vivir mejor.

Positividad tóxica

En un artículo para el portal de noticias *Huffington Post* titulado «Qué es la positividad tóxica y por qué no debes sentirte mal por estar mal»,[21] Brittany Wong expone que esas frases que suelen decirnos amigos y familiares cuando nos ven en una situación complicada, del estilo «todo va a salir bien», «ya pasó» y/o «podría ser peor», solo entorpecen nuestro crecimiento. Provocan que evitemos vivir y aceptar las experiencias tal y como las sentimos, lo que a menudo se traduce en la negación de la realidad y la adopción del rol de victimismo.

Porque esas frases, que podemos percibir como sentencias o juicios hacia lo que estamos sintiendo en ese momento, alimentan nuestro mecanismo de defensa más básico y dan pie a una mayor frustración y a la soledad.

No se trata en ningún caso de culpar a quienes intentan animarte con esas palabras, ya que lo hacen con la mejor de las intenciones. Sin embargo, a veces, especialmente si entramos en relaciones familiares o de pareja, hay demasiada sobreprotección que hace que no nos atrevamos a ser nosotros mismos y vivir con una consciencia activa, lo que nos permitiría sentir ante cualquier situación sin tener miedo al juicio.

El centro del vivir

La aceptación de uno mismo y de la situación en la que uno se encuentra implica una mayor comprensión de la realidad. No podemos vivir en el pasado ni en el futuro. Aunque a veces nos paralice el miedo o nos parezca más fácil no afrontar lo que estamos experimentando, hay que armarse de valor y dejar de negar la realidad y/o de juzgarnos.

Solo tomando consciencia plena podremos ser el epicentro de nuestro confort.

Sé amable con el entorno, pero también contigo mismo. Ejercita la curiosidad sobre tu forma de vivir y toma plena consciencia de todo lo bueno que, por mucho que a veces resulte difícil percibir, está dentro de nosotros y puede expandirse si afrontas el presente tal cual es.

No se trata de aceptar todo cambio que se nos sugiera, o que nosotros mismos nos inculquemos. Nada es blanco o negro, algo en lo que profundizaremos en las siguientes herramientas. Hay que ver qué hay que cambiar, por qué motivo, a qué ritmo y qué consecuencias positivas tendrá.

Aunque parezca que la palabra *aceptación* implica pasividad, es todo lo contrario. Es saber estar aquí y ahora, con nuestra persona y nuestro entorno. Al reconocer y recibir una experiencia con apertura y honestidad, viendo realmente cómo es, te estarás dando la oportunidad de elegir cómo responder.

Como explica la psicóloga y psicoterapeuta Rosario Linares en el artículo «Aceptación: ¿cómo aceptar la realidad tal y cómo es?»:[22] «La aceptación es una de nuestras asignaturas pendientes. Nos cuesta aceptar todo aquello que no nos agrada o que no se corresponde con nuestras expectativas. De hecho, la distancia que existe entre nuestras expectativas y la realidad se convierte en una de nuestras principales fuentes de sufrimiento».

Piénsalo: ¿cuántas veces, ante una situación que no sabes gestionar, caes en la ira?, ¿cuántas, en lugar de tomar consciencia de lo que ocurre y buscar alternativas, has reaccionado resignándote e intentando escapar por vergüenza, vulnerabilidad o miedo a sufrir?, ¿y si, por el contrario, te planteas realmente qué puedes hacer para sentirte mejor? No se trata únicamente de buscar respuestas y soluciones, sino de ver las situaciones con mayor perspectiva.

Linares, autora de los libros *Resiliencia o la adversidad como oportunidad*[23] y *Duelo y resiliencia. Guía para la reconstrucción emocional*,[24] este último en colaboración con Ana María Egido, señala el eterno bucle de insatisfacción que conlleva vivir esperando que el futuro nos depare una solución inmediata, una felicidad fortuita que nos llegue sin que debamos hacer esfuerzo alguno ni ser consecuentes con las tomas de decisiones necesarias para avanzar.

Es lo que se conoce como *bovarismo*, síndrome que se inspira en la figura literaria de la obra de Gustave Flaubert *Madame Bovary*.[25] La protagonista es una mujer insatisfecha con su situación conyugal que cae en las expectativas irreales, en su caso excesivamente idealizadas y románticas, ante la figura de un marido narcisista que, también infeliz y anclado en sus vicios y sus aires de grandeza, nunca dará su brazo a torcer para cumplir sus deseos. Ahora bien, ¿y si quien toma las riendas de la situación eres tú? ¿Y si quien tiene que aceptar la realidad y mover ficha no es el otro, sino tú mismo? Tú tienes la llave de tu propio bienestar.

El *mindfulness*, la capacidad humana de estar en el presente y alcanzar un profundo estado de consciencia, libre de juicios sobre nuestras sensaciones, sentimientos o pensamientos, remarca la importancia de prestar atención a lo que acontece en nuestro interior en cada momento. Te animo a que observes, explores, sepas «estar» con el malestar y no decaigas en la autocompasión. En palabras del neurólogo, psiquiatra y filósofo austríaco, Viktor Frankl: «Entre el estímulo y la respuesta hay un espacio de tiempo. En este espacio se encuentra nuestro poder para elegir nuestra respuesta. En nuestra respuesta descansa nuestro crecimiento y nuestra felicidad».

Los milagros no existen

Así lo corrobora la coach Hana Kanjaa, que se autodenomina «malabarista del cambio»: «Eres perfecto/a en este momento. Deja de malgastar tu vida en esa carrera hacia una utopía a la que nunca vas a llegar».

La reputación tampoco es el objetivo. Cada persona tiene su esencia y, antes de juzgar a otro o resignarte, mira a tu alrededor y empieza a trabajar en tu persona y forjar tu identidad. Así estarás bien contigo mismo, incluso mucho más de lo que crees ahora. Asimismo, seguro que cuando lo hayas logrado en cierta medida, porque el progreso es lo que cuenta, tendrás ya la energía necesaria para proponerte alcanzar alguno de esos objetivos que hasta ahora parecen solo sueños inalcanzables. ¡Basta con que salgas de tu zona de confort!

Dedícate a ti

Según estudios científicos avalados por la Organización Mundial de la Salud (OMS), la higiene personal es un factor que contribuye a mejorar nuestro bienestar. Es por ello que, como terapeuta, creo que las acciones que te propongo a continuación pueden ayudarte a tomar consciencia de tu progreso y a que, cada día, te conozcas y contemples con mayor transparencia. De esta forma, también, seguramente identificarás nuevas fórmulas para tomar decisiones coherentes y productivas en el futuro.

1. Márcate un horario: si tienes uno para acudir al trabajo, no apures. Levántate con tiempo para una buena ducha y un aseo personal mirándote a los ojos y sonriéndote.

Es difícil al principio, pero si lo intentas, pronto notarás su efecto reconfortante.

2. Hazte la cama y no dejes la taza del café ni el plato del desayuno en el fregadero. Tal vez aún estén allí los platos de la cena. No los acumules. Seguro que, al volver a casa, estarás cansado/a y ver que por la mañana cumpliste contigo mismo y que tienes un espacio limpio para ponerte a cocinar algo rico te resultará apetecible y placentero.

3. Dedica parte de tu tiempo libre a hacer esas cosas para las que «nunca tienes tiempo», como organizar tu armario, tus documentos, los cajones de la cocina, archivos de fotografías... Evitarás esos enfados contigo mismo cuando te superen ciertas situaciones y, especialmente, el victimismo o la dependencia.

4. Arréglate para ti mismo/a. No esperes a una situación especial para cuidar de tu aspecto y de tu alimentación. Nada de dejarse. Aféitate, depílate, maquíllate... solo para ti. Verás como al mirarte al espejo te sientes mejor y con más energía para plantar cara a toda situación.

5. Para ayudar en todo lo anterior, reflexiona sobre algo que ya estés haciendo para cuidar de ti, desde la higiene personal hasta el ejercicio físico o cualquier actividad lúdica o intelectual que te hace tomar consciencia de tu valía personal y tu capacidad de resiliencia.

Planta tu propio jardín y decora tu propia alma
en lugar de esperar que alguien te traiga flores.
VERÓNICA A. SHOFFSTALL

TOCA TRABAJAR

EJERCICIO 8
Sugiere a un amigo/a o familiar apuntaros a hacer ejercicio juntos, como ir a nadar, hacer yoga, correr o incluso ir a bailar swing. Puedes hacerlo solo, pero tal vez aún te resulta complicado porque conlleva establecer nuevas relaciones interpersonales o porque tienes miedo de no ser aceptado y/o juzgado por los demás.

Pide a tu amigo que te llame por teléfono o te recoja en casa durante las primeras semanas. Nada de hacerse el remolón en la cama al despertarse o de tumbarse en el sofá al volver del trabajo. Verás que si vences la pereza te sientes con más capacidad para luchar contra cualquier caos mental.

CASO PRÁCTICO
Hace algunos años, tuve dos relaciones sentimentales que me marcaron profundamente y que me bloquearon. En una, mi compañero quería cambiarme a mí, y, en la siguiente, como si no hubiese aprendido nada de la anterior ni visto cómo eso erosiona una relación, era yo quien buscaba cambiarle a él.

Intentaba establecer un control sin mirarme a mí misma, sin aceptarme, sin ver mis flaquezas, huyendo hacia delante y delegando responsabilidades: la de aceptarme a mí y aceptar las críticas constructivas, valorando los piropos sanos y buscando un equilibrio.

El conflicto interior lo proyectaba, o lo retroalimentaba. Cuando empecé a comprender quién era y lo que podía dar de mí, así como a ver mis errores, empecé a reconocer y a construir relaciones sanas y sinceras.

HERRAMIENTA 9

ABRÁZA(TE)

«Amarse a sí mismo
es el comienzo de una aventura
que dura toda la vida»
Oscar Wilde

Muchos de nosotros buscamos el cariño físico y verbal de nuestros seres queridos cuando nos encontramos en situaciones difíciles, o ante acontecimientos que nos han lastimado y dejado tristes y abatidos. Al abrazar a esa persona allegada, sentimos cómo esa soledad, abandono, melancolía o frustración se minimiza.

Como explica Lía Barbery, abrazoterapeuta uruguaya, en el libro *El lenguaje de los abrazos*,[26] al abrazar no solo segregamos oxitocina, la llamada «hormona del amor», sino que también se liberan serotonina y dopamina, lo que nos ofrece una agradable sensación de bienestar y comprensión.

Ahora bien, ¿y si dependemos demasiado de esos abrazos y ese calor humano que nos brindan los demás? Recuerdo un paciente que, durante el proceso de tratamiento por adicción, cada vez que sentía malestar acudía a su padre para abrazarle y apoyarse en su regazo; de esta manera, parecía que ese sufrimiento disminuía momentáneamente. Ahora bien, lo cierto es que buscaba calmar su malestar para así no entrar en un círculo vicioso de pensamientos negativos hacia él mismo, lo que en realidad era fomentar fuertemente la dependencia hacia los demás.

Se ha hablado mucho de la necesidad de quererse a uno mismo, incluso a menudo oímos esa frase de que no podemos amar a otro si no nos amamos antes a nosotros mismos. A veces, de tanto escucharlo, nos parece incluso un tópico. Sin embargo, nada más lejos de la realidad. El terapeuta Yung Pueblo expone acertadamente en el *best seller Hacia dentro*:[27] «Si te hallas lejos de tu esencia interior, ¿cómo podrás estar cerca de otro u otra persona?».

Tengamos en cuenta que esos abrazos que nos llenan lo hacen momentáneamente, o durante unas horas, pero el amor hacia uno mismo es el pilar de la autoestima y de la capacidad de superar todo obstáculo, aprendiendo de los errores y manteniendo esa honestidad y confianza que nos permiten crecer y establecer hábitos y relaciones sanas.

Muchas veces empatizamos con otras personas, pero nos exigimos muchísimo más a nosotros mismos, poniendo el listón tan alto que caemos en la frustración y en la negación de nuestras capacidades. Es por ello por lo que acabamos dependiendo de los demás para recuperar el aliento. Pero es fundamental tener muy claro que una cosa es el amor y otra bien distinta, la dependencia.

No te compares

Es evidente que las cosas deben acontecer de forma orgánica, así que no hay que apresurarse. Roma no se construyó en un día. Hay que ir poco a poco, no tirar la toalla, y empezar a ser amables con nosotros mismos, comprensivos. La prevalencia de los pensamientos positivos, incluso de paciencia hacia nuestro propio ser, ayuda a bajar los niveles de cortisol, la hormona del estrés y la ansiedad, y a subir los de oxitocina, serotonina y dopamina, que, como hemos mencionado, están vinculadas al amor hacia uno mismo y hacia los demás.

¿Cuántos de nosotros, especialmente en esta sociedad que fomenta la competencia, nos sentimos inferiores en muchos aspectos hacia aquellos a los que admiramos? Es más, a veces ponemos, sin apenas ser conscientes de ello, al otro en un altar, de modo que por mucho que nos esforcemos no lograremos (eso creemos) alcanzar su nivel y solo conseguimos caer en un profundo vacío que únicamente nos acerca a la frustración y a la desesperación. Nos criticamos y, en límites extremos, incluso nos detestamos. Al no aceptarnos, al no ser amables con nosotros mismos, solo fomentamos el sufrimiento. Es por todo ello que, sin lugar a dudas, y más cuando estamos en un verdadero atolladero físico y/o emocional, necesitamos más que nunca ser el amor de nuestras vidas, lo que no implica dejar de amar, o amar menos, a los demás.

Respétate y valórate

Ascensión Belart, autora del libro *Un viaje hacia el corazón*,[28] y del blog *ascensionbelart.wordpress.com*, remarca que el amor es honestidad, conocimiento, respeto, libertad, confianza y entrega en relación a uno mismo, en primer lugar, y luego con el otro. Amar es una práctica, una disposición a ejercitar. Y para ello, lo mejor es aprender a quererse del modo en que quieres que te quieran; aprender a cuidarse, aceptarse, valorarse y respetarse día a día, en todo momento y ante cualquier circunstancia.

Una buena técnica, que se lleva a cabo en clases de respiración para aprender a controlar la ansiedad o durante la práctica de distintas disciplinas asociadas al yoga, es abrazarse a uno mismo. Un buen autoabrazo todas las mañanas y noches nos reconforta y nos enlaza con el ser bonito que todos somos, como si reconectáramos con ese niño o niña que aún no había sufrido todo lo que acontece con el paso del tiempo de uno u otro modo. También es bueno mirarse al espejo cada mañana y decirse uno mismo «estoy orgulloso/a de mí y me valoro».

Como veíamos en el capítulo anterior, autocuidarse, física y mentalmente, nos ayuda a aceptarnos y valorarnos. Muchas veces pensamos en qué podemos regalar u ofrecer al otro. Ahora bien, ¿y si nos regalamos algo a nosotros mismos? Desde un paseo bajo el sol escuchando nuestra música preferida hasta el placer de comerse un buen helado o comprarnos un ramo de flores, que colocaremos en el salón para verlo cada día y sonreír.

De la misma forma que reírse, y de ahí la eclosión de la risoterapia, es la mejor medicina, ¿por qué no reírse de uno mismo cuando cocinamos y nos pasamos con la sal, o cuando los garbanzos han quedado demasiado duros? Y si hemos invitado a alguien, siempre podemos tener en casa algún plan B para que no pensemos que hemos defraudado al otro, o incluso a nosotros mismos. Es más, ¿por qué si comemos solos lo hacemos rápido y sin apenas masticar? Muchos incluso hallan en la comida una solución placentera pero momentánea frente a la ansiedad; sin embargo, en cuestión de minutos aparece la culpa y el autocastigo emocional. Disfrutemos de comer, de caminar, de mirar al cielo y de recordarnos quiénes somos verdaderamente y hasta dónde podemos llegar. No hay duda de que el refrán italiano *piano a piano si va lontano* (poco a poco se llega lejos) es el inicio del camino.

Mantén una escucha activa

No hay que olvidar que muchas de las conversaciones que mantenemos con nuestro terapeuta nos ayudan a reconocer relaciones que no son positivas o incluso tóxicas.

Si nuestra autoestima no está bien alimentada por nosotros mismos principalmente, no sabremos detectarlo a tiempo y nuestro propio crecimiento personal se verá minado por esa persona interesada y, por consiguiente, tóxica.

Una buena técnica para enfocar nuestro trayecto hacia el amor propio es aprender a decir no. Para ello, preguntarte qué sientes, qué te apetece, qué te hace bien y qué no, es decir, mantener una escucha activa contigo mismo y aprender a estar solo es una de las mejores vías hacia la sanación y el amor propio, que, lejos de lo que puedas autocriticarte, no es tener ego ni ser soberbio, es tomar consciencia de tus sentimientos y necesidades y de cómo te desvalorizas y te juzgas sin razón.

Valorar tu día a día, incluso si no ha sido idílico, manteniendo un diario personal es otra buena técnica. De esta forma, sabremos de verdad quiénes somos, porque no hay otra persona en ese papel, sino nuestra esencia, sin tapujos ni adornos. Eso sí, es importante releerlo para ir tachando esos juicios negativos de valor hacia uno mismo y apreciar y repetirse esas partes de nuestra personalidad que nos hacen llegar a objetivos que nos parecían difíciles o inalcanzables. De esta manera, podremos darnos las gracias, incluso de forma verbal, para que se instale esa amabilidad y gratitud hacia nuestro ser, que, como veíamos en el anterior capítulo, no tiene que corresponder a la imagen que socialmente se espera de nosotros. Identificando todo lo que eleva nuestros niveles de estrés, y resaltando nuestras cualidades y valores, vivir y avanzar irán de la mano de forma coherente y satisfactoria.

El Día Mundial de la Amabilidad

El Día Mundial de la Amabilidad o la Gentileza, también conocido como World Kindness Day, se celebra anualmente el 13 de noviembre con el objetivo de hacer una llamada a todo acto de bondad hacia los demás y también hacia nuestra persona, fomentando la amabilidad y la capacidad de autocontrol sobre los distintos estados de ánimo.

En 2003, un grupo de investigadores científicos de la Universidad de Michigan llegaron a la conclusión de que la amabilidad hacia uno mismo eleva la longevidad, ya que establece nuevas conexiones neuronales y estimula la producción de endorfinas.

No lo olvides: esta misma noche mírate a los ojos, anota lo que has aprendido, agradécete el camino realizado y abraza tu cuerpo durante cinco minutos.

Caminante no hay camino,
se hace camino al andar.
ANTONIO MACHADO

TOCA TRABAJAR

EJERCICIO 9

Evoca el rostro de alguien al que le agradeces su aportación a tu día a día. No hace falta que sea un familiar directo o tu mejor amigo/a. Piensa en alguien de quien aprendes y cuya presencia y comportamiento hacia ti te recuerdan la importancia de la amabilidad. A continuación, coge papel y lápiz y escríbele una carta de al menos una página.

Explícale lo que te aporta y cómo su comportamiento te impacta y te hace sentir mejor, más fuerte, para dejar, poco a poco, de criticarte y quererte más a ti mismo, ya que él o ella ven cosas en ti que habías olvidado.

Si te sientes incómodo, no hace falta entrar en detalles sobre tu crecimiento personal. Céntrate en lo que valoras y cómo esa persona te hace sentir bien y más fuerte. Cuando puedas, busca cinco minutos a solas con él o ella y léele la carta en voz alta. Ese abrazo humano en letra seguro os dará a ambos un buen empujón hacia la autoestima: la amabilidad y el agradecimiento que siempre aportan el necesario y estimulante bienestar.

CASO PRÁCTICO

El hermano de uno de mis amigos siempre se había sentido inferior a los demás en el trabajo. Se comparaba constantemente, y se centraba en el hecho de que sus compañeros de despacho eran más proactivos y no dudaban, como le ocurría a menudo a él. Sin embargo, una mañana, al ir a la oficina, se percató de la sonrisa y los buenos días con que le saludaba el portero y de que él siempre le respondía alegre de verle. Al subir las escaleras del edificio, en lugar de usar el ascensor, oyó como entraban dos de sus compañeros y como el portero les deseaba que tuviesen una feliz jornada. No solo no respondieron, sino que apenas miraron a los ojos a ese señor que a él le alegraba las mañanas y le daba seguridad.

Decidió escribirle una carta contándole que, gracias a él, se sentía abrazado por las mañanas, aunque luego su ánimo decayera por otros motivos. Se la entregó como símbolo de agradecimiento y de haber tomado consciencia de la importancia de la amabilidad y del hecho de que sentirse bien con uno mismo es un valor mucho más importante que el número de filas que una persona puede llenar por hora en un Excel de contabilidad.

HERRAMIENTA 10

AUTOCOMPASIÓN

«Solo tienes que existir como lo haces
y vivir la vida lo mejor que puedas»
Albert Ellis

La autocompasión es un arma de doble filo. Si bien investigaciones recientes, como expone la periodista M. Victoria S. Nadal en el artículo «La autocompasión, una nueva aliada para ser más eficiente»,[29] «conciben esta habilidad como una herramienta para ser menos críticos con nosotros mismos y conseguir una visión más realista de una situación», a menudo es el camino más corto hacia el victimismo y, por consiguiente, al estancamiento o la vuelta atrás en los avances hacia una sana autoestima que permita vislumbrar la luz al final del túnel.

A menudo la autocompasión es un terreno colindante con el perfeccionismo llevado al extremo. Nos ponemos el listón tan alto, en el trabajo o en las relaciones personales, exprimiendo lo que consideramos que es todo nuestro potencial, que, si esa situación no llega a buen puerto, nos asaltan esas voces interiores que dicen «¿ves cómo no podías?», «mejor acepta ya que eres mediocre y ¡deja de soñar!» o, aún peor, «da igual, ¿no ves que no vales para nada?». A esto se une rápidamente esa reacción autocompasiva de por qué todo me pasa a mí.

Profesarnos cariño

Las investigaciones de Serena Chen, profesora de psicología y catedrática en la Universidad de California, ponen de relieve que «cuando las personas se tratan con compasión son más capaces de llegar a autoevaluaciones realistas, lo cual es la base para la mejora». Asimismo, Chen asegura que las personas con altos niveles de autocompasión (bien entendida) son más amables y tienden a juzgarse menos por sus errores, con lo que evitan que las emociones desagradables se apoderen de ellas.

Esta indulgencia, aplicada hacia nuestra persona, tiene una contrapartida si nuestra autoestima no está bien equilibrada: castigarnos en exceso (lo cual mina todo lo que potencialmente podríamos lograr si fuéramos más conscientes de nuestra valía y dejáramos atrás esa cantinela tan común del «pobrecito de mí»).

Valores fundamentales que analizaremos en el próximo capítulo, como el perdón, la humildad, la amabilidad y el respeto, entre otros, son los que nos ayudan a evitar esa insostenible culpa, o incluso, llevado al extremo, que nos demonicemos, una huida que arranca toda raíz hacia el crecimiento personal.

Aparquemos esas frases retóricas que solo nos invalidan y pensemos, sin caer en el derrotismo, cómo ha tenido lugar esa situación que nos ha conducido a cuestionarnos nuestra valía.

Tal como expresa Neandra Glover en *Set boundaries. Find peace*,[30] estas experiencias vitales establecen hacia nosotros mismos una serie de estándares inflexibles basados en el «todo o nada» que solo nos derivan a un callejón sin salida: el victimismo.

Relativizar

Para evitar caer en el victimismo rápido, que nos hunde y nos puede llegar a generar mucha ansiedad antes de una pasividad nada positiva, es importante, con ayuda del terapeuta (o, si ya puedes empezar a trabajar por ti solo hacia esa meta), intentar ampliar el foco y ver ese error o fallo desde una distancia que te permita darle la importancia justa y necesaria.

Seguramente te sorprenderás de que, en muchos casos, nada ha sido tan terrible como parece y, si has visto el efecto contraproducente de las creencias irracionales, serás capaz de llevar mejor la situación y evitar esas generalizaciones tan habituales como «soy un desastre», «todo me sale mal», o «nadie sabe todo lo que he sufrido».

Si siempre nos fijamos en aquello que no nos ha salido como esperábamos, andando en la cuerda floja que implica esa meta basada erróneamente en nuestros miedos, lo más seguro es que el aislamiento nos parezca el calzado más seguro y puede que incluso caigamos en la vergüenza, la dependencia o la depresión.

En caída libre

El victimismo es un patrón de comportamiento en el que la persona mantiene una actitud pasiva y elusiva ante los problemas y se culpa a sí misma, o a los demás, de todo lo malo que le sucede, marchitando todo lo que la rodea.

El rol de víctima suele aparecer como un mecanismo de protección ante síntomas de miedo o ansiedad: uno no se siente preparado para el temido fracaso y se prefiere no afrontar la responsabilidad de las propias acciones.

Como remarca Gill Edwards en *El triángulo dramático de Karpman*,[31] cuando se adopta el rol de víctima se exige con ímpetu ser compadecido. Esas personas, que todos podemos ser en momentos de nuestra vida, «siempre se quejan de todo lo que les sucede en la vida. Sienten que el mundo es injusto con ellas y que no pueden hacer nada por cambiar. Necesitan que los demás les resuelvan las cosas». Ahora bien, con consciencia y ayuda, podemos cambiar ese patrón de actuación de forma que se desarrolle la capacidad propia de aprender.

Si accedes a la formación de habilidades personales, seguramente lograrás evitar esa queja y actitud reactiva para ir adoptando una actitud más proactiva, generando recursos que con seguridad te servirán en el futuro.

A flote

Como terapeuta escucho a mis pacientes cuando rozan el victimismo o han caído en él, y les hago saber que no están solos, que entiendo su sufrimiento, pero que hay formas más sanas y reales de aliviar ese malestar que con tanta frecuencia se transforma en toxicidad.

Busco que tomen consciencia y se hagan partícipes de su propio cambio, guiándolos para que sean precisamente ellos mismos quienes se cuestionen su responsabilidad hacia ese acto que los corroe internamente.

Ahí desempeña un papel crucial la pregunta retórica, que tan bien trabaja la mayéutica, el método aplicado por Sócrates a través del cual «el maestro hace que el alumno, por medio de preguntas, descubra conocimientos. [...] La técnica consiste en preguntar al interlocutor acerca de algo y luego se procede a debatir la respuesta dada por medio del establecimiento de conceptos generales».³²

Llevado a nuestro terreno: ¿qué podrías hacer la próxima vez para que esto no vuelva a ocurrir?, ¿qué soluciones se te ocurren para evitarlo? Al plantearte estas cuestiones, y recomiendo hacerlo con papel y lápiz, ya que ayuda a visualizar e interiorizar más fácilmente todo aprendizaje, seguramente verás que no todo es blanco o negro, ni conmigo o contra mí.

No dejes para mañana lo que puedas hacer hoy

Si bien este refrán es cierto, algo que agobia mucho a las personas con tendencia al victimismo es el *timming*. De hecho, es un pez que se muerde la cola. Hay que ser conscientes, como en todo lo que engloba el crecimiento personal y el establecimiento de una sana autoestima, de que ni yo como terapeuta ni ningún paciente o ser humano podemos cambiar nuestra forma de hacer o funcionar de la noche a la mañana. Hay que ser paciente y constante, un valor fundamental que aplico en mi consulta para que ninguna persona se desmotive.

Lo primero es tener claro que, si nos esforzamos, contamos con un altísimo porcentaje de posibilidades de éxito. Ese esfuerzo habrá valido la pena y sentiremos que podemos llevar las riendas de nuestra vida sin sentir miedo de lo que pueda o no salir mal.

Y sí, tenemos derecho a quejarnos. ¡Solo faltaría! Pero en su justa medida, planteándonos el motivo y sin sentir que entramos en un bucle derrotista. La esencia del ser humano es aprender que la vida no es cara o cruz. ¿No has escuchado nunca eso de «no te quejes, que otros están peor»? Es evidente, pero es como si a alguien con anorexia o bulimia le hablas de la gente que en otros países no tiene para comer. Eso solo le agobiará y, con toda probabilidad, como hemos visto, caerá en la culpa o se esconderá en su caparazón, como un caracol, solo y sintiéndose aún más incomprendido y frustrado.

Somos uno más

Adoptar una actitud resiliente, como veíamos anteriormente, es una gran técnica para hacer frente a situaciones en las que no nos queda otra que avanzar, por muy dolorosas que puedan ser, como la pérdida de nuestros seres más amados.

Pregúntate también: ¿quiero pasar la vida lamentándome o permitir que la vida me pase por delante sin haber intentado hallar un punto de paz con mi ser y mi entorno? Y eso no tiene nada de egoísta ni implica ser cruel. Al contrario, es asumir una actitud proactiva para superar las dificultades que seguramente volverán a aparecer en el camino, al igual que las muchas alegrías que, sin esa paz, no experimentaremos como se merecen.

La compasión hacia los demás
comienza con la bondad hacia nosotros mismos.
PEMA CHÖDRON

TOCA TRABAJAR

EJERCICIO 10

Piensa y recuerda esos momentos en los que no has sabido lidiar contigo mismo. Cierra los ojos y visualízalos. Haz memoria. Piensa en cómo reaccionaste. Cuando te has hallado en una situación parecida, aunque solo sea a nivel sintomático, ¿cómo has reaccionado?, ¿de qué manera te has hablado a ti mismo?, ¿aceptas el error o la equivocación? Seguramente te darás cuenta de que la respuesta es no.

Nadie dijo que fuese fácil ni sencillo ser autocompasivo sin caer en el victimismo, pero con buena voluntad y práctica te aseguro que lo lograremos. Es más, ¡lo harás tú!

CASO PRÁCTICO

En capítulos anteriores os he hablado de mi niñez y de cómo lo que escuchaba de mí me socavaba la autoestima, desde el «esta niña no va a ser capaz de llegar a nada» hasta el «madre mía, a lo que se quiere arriesgar ahora». Esas palabras, fruto en muchas ocasiones de la sobreprotección, me generaron creencias irracionales.

Ahora lo sé, pero en ese momento esas frases sonaban muy reales en mi mente y desarrollé un rol de víctima, y pensaba en cuánto había sufrido, en que no sería capaz de dedicarme a lo que más me gustaba, en que no haría más que fracasar... Empecé a acudir a terapia y me di cuenta de que asumir ese papel sería lo que realmente me impediría alcanzar mis metas, tanto a corto como a largo plazo.

Con ayuda comencé a desarrollar la necesaria autocompasión, pero en su justa medida, relativizando, mimándome y teniendo en cuenta valores fundamentales de los que os hablaré en las siguientes páginas. Empecé a tratarme bien, a ser amable conmigo misma, a poner perspectiva incluso cuando sentía ansiedad y, actualmente, ese rol de victimismo ya pertenece a mi pasado y he logrado objetivos que jamás pensé alcanzar y que, ahora, iluminan mi sonrisa cuando me miro al espejo tras haber salido de mi zona de confort.

HERRAMIENTA 11

ZONA DE CONFORT

> «El crecimiento comienza cuando empezamos a aceptar nuestras propias debilidades»
> JEAN VANIER

La zona de confort designa en psicología ese estado mental en el que la persona prefiere la rutina y no asumir ningún riesgo para evitar el miedo y la ansiedad que le genera cualquier cambio en su vida diaria. Es una conducta que también podríamos definir como llevar puesto el «piloto automático» en nuestro coche vital.

Se caracteriza, asimismo, por el empleo de estrategias y actitudes con las que uno se siente aparentemente confortable, pero que a la larga conllevan desmotivación, tristeza, soledad y, en casos graves, depresión.

Schopenhauer defendía la *ataraxia* como un estado mental que permitía al individuo no sufrir. Ahora bien, eludir el sufrimiento consiste en no vivir, en no sentir; es decir, dejar completamente a un lado la consciencia y sumirse en un estado que, como compruebo con algunos pacientes, se define por una pasividad tóxica que impide el crecimiento personal. El confort no aporta a la larga ninguna seguridad, más bien hace que renunciemos a tomar iniciativas que nos depararán, con resiliencia, un mayor bienestar con nosotros mismos y con nuestro entorno.

El no confort

Así, ese espacio mental en el que nos «refugiamos» se convierte en aislamiento y, poco a poco, como las bolas de nieve que acaban formando un alud, se amplía. La zona va creciendo y la persona va eliminando todo contacto social, a la vez que los miedos irracionales se vuelven más vívidos.

Salir de esa zona, que, en el fondo, no tiene nada que ver con el confort cuando hablamos de vivir plenamente, es difícil. Por mucho que queramos, a veces el terror puede con nosotros, especialmente si se lleva mucho tiempo instalado en ella. Por eso, y buscando evitar efectos colaterales como las adicciones o la dependencia emocional, creo que los terapeutas podemos ser de gran ayuda y facilitar esa tarea que se vuelve tan ardua para quien vive estancado en una zona gris.

En mi consulta, intento que los pacientes vean que esos temores solo son fruto de su imaginación y que, mediante una buena gestión emocional, herramientas de aceptación y una buena escala de valores, poco a poco la incomodidad y/o ansiedad disminuye al intentar alcanzar pequeñas metas que nuestro cerebro había desplazado de su territorio mediante temores sin fundamento: artimañas que nos debilitan y que bloquean o sabotean el bienestar.

Al aumentar nuestra elasticidad mental y derribar algunos ladrillos de ese muro bloqueante, la satisfacción vuelve a nuestra vida, expandiéndose por el mapa mediante estímulos positivos que habíamos escondido bajo tierra.

Un estudio publicado en la revista académica *Applied Cognitive Pshycology* en 2012 explica que los estudiantes que pasaron un semestre fuera de su país lograron puntuaciones más altas en dos pruebas de creatividad que los que se quedaron en su centro de estudios.

Autoeficacia

Salir de la zona de confort y poner los cimientos para intentar alcanzar tus objetivos te hace más fuerte como persona y equilibra tu autoestima y autoconfianza. El concepto de *autoeficacia* fue introducido en el campo de la psicología por Albert Bandura[33] y explica la regulación de la motivación y la acción humana. De este modo, Bandura puso de relieve que ver con tus propios ojos que tienes ciertas habilidades te ayudará a salir airoso de situaciones que, a primera vista, pueden parecer demasiado complicadas desde el prisma erróneo de nuestros miedos sin fundamento.

«Una percepción de autoeficacia positiva está asociada a pensamientos y aspiraciones positivas acerca de una conducta exitosa, menor estrés, ansiedad y percepción de amenaza, junto con una adecuada planificación del curso de acción y anticipación de buenos resultados», expone el psicólogo Jonathan García-Allen, fundador y director de comunicación de la web *www.psicologiaymente.com*, la mayor comunidad en el ámbito de la psicología y las neurociencias, en el artículo «¿Cómo salir de tu zona de confort? 7 claves para lograrlo».[34]

Ansiedad positiva

La ansiedad es, en gran medida, el enemigo del bienestar personal. Ahora bien, cuando hace mucho que estamos encerrados en nuestro caparazón y nuestra existencia se ha visto reducida a la monotonía y el hastío, va a ser inevitable que sintamos miedo si, con la ayuda de un profesional, empezamos a salir de esa área basada en miedos y excusas. Con mis pacientes trabajamos esa tendencia a volver atrás con mecanismos basados en la motivación, el esfuerzo, la fuerza de voluntad y la visualización de los resultados. Para poder recoger, primero tenemos que sembrar.

El miedo siempre llama a la puerta dos veces. Pero en esta ocasión, si nos damos a nosotros mismos la oportunidad de buscar nuestra serenidad, puede que signifique solo un estímulo para que tomemos consciencia de que, cuando creíamos tenerlo todo bajo control, era tan solo una falsa seguridad. La vida, y hay que aceptarlo, es un cambio constante, un continuo volver a empezar. La incertidumbre está ahí, pero también nos sirve para que seamos capaces de tomar decisiones y crecer emocionalmente.

El esfuerzo como reto

Nadie nos ha prometido un jardín de rosas. Atreverse a hacer las cosas de otra manera implica poder equivocarse, pero hay que ver estas circunstancias con la perspectiva de superarse y conectar con nuestro ser más íntimo. Incluso deberás aceptar tus limitaciones (temporales en la mayoría de los casos).

En su libro *Self-renewal: The individual and the innovative society*,[35] el escritor John Gardner afirma: «Pagamos un precio muy alto por nuestros fracasos y es un obstáculo enorme en nuestro crecimiento. Esto provoca que nuestra personalidad no se desarrolle y no permite la exploración y la experimentación. No hay aprendizaje sin algo de dificultad. Si quieres seguir creciendo, debes superar el miedo al fracaso». De esta forma, tu horizonte se ampliará y enriquecerá en crecimiento personal.

El único hombre que no se equivoca nunca es el que nunca hace nada.

GOETHE

TOCA TRABAJAR

EJERCICIO 11

¿Hay algo que siempre has querido hacer pero que, por miedo, has ido posponiendo? Desafíate a ti mismo. Es muy fácil de decir, pero no hay que empezar la casa por el tejado. Seguro que hay pequeñas cosas en tu día a día que puedes encarar y que sabes que te harán sentir mejor. Oblígate a salir de tu zona de confort. Por ejemplo, piensa en cómo harías las cosas y actúa en el sentido contrario, anticipando todas las excusas que te vas a poner. Un estudio llevado a cabo en 2013 constató que aprender nuevas habilidades mientras se mantiene una red social fuerte nos ayuda a conservar una buena agudeza mental a medida que envejecemos.

La directora del estudio, Denise Park, investigadora de la Universidad de Texas en Estados Unidos, concluyó: «Parece ser que salir a realizar actividades no es suficiente. Es importante salir y realizar actividades que no sean familiares y que sean mentalmente desafiantes, pues proporcionan una gran estimulación tanto a nivel mental como social. Cuando estás dentro de la zona de confort, es posible que estés fuera de la zona de mejora».

¿Por qué no te apuntas a un taller de esa actividad que siempre te llamó la atención? Nadie nació para ser pintor, escritor, actor o economista. Si siempre quisiste estudiar una carrera y no lo hiciste por presión familiar, ¿ahora quién te lo impide? ¿Por qué no das el paso y creas esa empresa o sacas a la luz ese proyecto que siempre has tenido en mente, pero que por miedo a fracasar o al juicio no te has atrevido? La meta no es el éxito, porque el único éxito es el personal. Y ello no quiere decir no intentarlo. En la mayoría de los casos te sorprenderás de hasta dónde puedes llegar.

CASO PRÁCTICO

Un paciente que tuve vino a la consulta porque sufría elevados niveles de ansiedad. Hacía pocos años que se había jubilado y había sustituido la rutina laboral por la personal. Durante su etapa profesional se había visto obligado a aparcar sus propios intereses y sentía que ahora era demasiado tarde para retomarlos. No iba a dar la talla, me decía. Vivía solo y encerrado en sí mismo. Le empujé a que socializase. Siempre le había gustado el teatro y le sugerí que se apuntase a un grupo que había en el centro cívico de su barrio. Juntos, con su constancia acudiendo a terapia y mediante herramientas de autocontrol y resiliencia, se atrevió y lo fue llevando adelante.

Ese grupo de teatro le aportó todo un nuevo ímpetu que le permitió, incluso (más allá de limitarse a asistir a las clases y conocer a gente nueva o recomendar obras de dramaturgia), atreverse a subirse a un escenario. Venció incluso el pánico escénico. Un ejemplo de cómo nunca es tarde no tan solo para vivir, sino principalmente para hacer cosas: la verdadera fuente del bienestar vital.

HERRAMIENTA 12

VALORES

«El que es más lento en hacer una promesa
es el más fiel en mantenerla»
Rousseau

Ante cualquier circunstancia, sea cual sea nuestra edad o la capacidad de reaccionar de una u otra forma en ese momento, debemos tratar siempre de ser fieles a una serie de valores cruciales que definen la identidad humana.

A lo largo de nuestra vida, vamos encontrándonos con situaciones que nos permiten ser coherentes con nosotros mismos y con los demás. A veces, aunque sea más tarde que pronto, vemos ciertos comportamientos humanos y patrones de conducta, así como sus consecuencias, que nos ayudan a mover mejor el timón de nuestro barco personal, orientándolo hacia el rumbo de convertirnos en mejores personas, tanto con nosotros mismos como respecto a los demás.

En los capítulos anteriores veíamos que si no te conoces bien ni te valoras, difícilmente podrás pilotar la frustración o sobrevivir a la marea de esas creencias irracionales que pueden hacerte perder de vista el horizonte por completo. Para lograr navegar con una autoestima bien anclada en esta calle de sentido único que es la vida, es indispensable marcarte objetivos claros, reales y a corto plazo; construir tu propio ser a partir de una serie de valores de índole humana que tú mismo puedes llevar a tu terreno y a tu día a día, haciendo de ellos tu idiosincrasia y *leitmotiv* en toda acción y lo que conlleva.

La escucha activa contigo mismo y descubrir que cada día puedes mejorar tu interacción con los demás forman el mapa más preciso para no decaer en tu esfuerzo ni hundirte en roles como el victimismo o la prepotencia, para saber salir de tu zona de confort y (más allá de lo que digan los demás) ser quien quieres ser, para reconfortarte y saber surfear emociones que te pueden desestabilizar.

Los 4 acuerdos

El escritor y orador Miguel Ángel Ruiz expone, en *Los cuatro acuerdos*[36] (un libro basado en la sabiduría tolteca y la cultura precolombina que predominó en el norte del altiplano mexicano entre los siglos X y XII), el valor de tener siempre presentes cuatro premisas ya sea ante una situación simple o cuando se está al borde de un completo caos mental. Al igual que en su momento Sócrates, explicado por su discípulo Platón, demostró la importancia de cuestionarse uno mismo y la necesidad imperiosa de la empatía, Ruiz nos regala unas gafas de buceo para encontrar, al menos en nuestro interior, pautas para evaluar y hacer frente inmediatamente (si incorporamos sus pautas básicas) a todo dilema vital.

El primero de esos acuerdos es ser, siempre que podamos, impecables con las palabras. Las palabras crean estados de consciencia, lo que tiene efectos en todo aquello que constituye tu manera de relacionarte, de mostrarte al mundo. Las palabras siempre dejan huella, por mucho que se diga que una imagen vale más que mil de ellas. No son inocentes ni para uno mismo ni para los demás.

Evidentemente, podemos rectificar, pero en el momento de pronunciarlas reflejan gran parte de nuestras ideas, vínculos, deseos y, sobre todo, de esos miedos y frustraciones que tanto nos hacen perder nuestra esencia y nuestra capacidad de actuar de forma constructiva y positiva.

Hoy en día, con unas redes sociales tan predominantes, muchos caemos en la crítica o la burla fácil, incluso en el chisme dañino, algo que demasiadas veces no es sino un recurso para eludir nuestro miedo a que nos juzguen a nosotros. En ocasiones no somos conscientes de que haciendo este tipo de comentarios o participando en estos chismes, además de dañar a otra persona que se merece el máximo respeto, estamos inculcándonos creencias que van precisamente contra esos valores que, desde el punto de vista interno, sabemos que son la columna vertebral de una sana autoestima y del respeto hacia todo ser, incluidos nosotros mismos.

Con frecuencia, debido justamente a nuestra vulnerabilidad e incapacidad de gestionar nuestras emociones, nos lo tomamos todo de forma personal; es el segundo acuerdo de Ruiz.

Las opiniones de los demás, incluso de nuestros seres más queridos, se nos incrustan de tal forma que procedemos a actuar en nuestra contra. Es ahí donde la escucha activa resulta fundamental para no decaer o entrar en círculos viciosos y, especialmente, en el dañino victimismo y la dependencia emocional, o, por el contrario, en el exceso de ego.

Libérate de todo ello, no dejes que lo que digan de otro o de ti te condicione y, sobre todo, no permitas que ello te impida elegir tu propio rumbo o te induzca a vivir de forma que te desvíes de tu ritmo hacia el bienestar personal.

Si te paras a pensarlo, todos somos susceptibles a lo que por cultura, familia o trayectoria vital nos ha marcado un diccionario emocional. La clave está en alcanzar una perspectiva más elevada que nos permita parafrasear y añadir acepciones a los términos que hemos escuchado acerca de nosotros y/o de otros, partiendo de valores como la amabilidad, la generosidad y la responsabilidad, entre otros.

Es de ahí que nace el tercer acuerdo de Ruiz: no adivinar ni suponer. Si entramos en esa cueva, todo nuestro suelo empezará a convertirse en tierra movediza, impidiéndonos diferenciar entre una presunción y lo que has cotejado que te ayuda a sentirte bien a largo plazo.

Huye de esas corazonadas, o de esos consejos u opiniones sobre si eres demasiado exigente, o si vas, por el contrario, con un lirio en la mano. Solo tú puedes dejar de asumir lo que se dice y corroborar lo que a veces nos lleva a decaer ante lo que ni tan siquiera ha sucedido aún.

Es por ello que Ruiz concluye que uno debe hacerlo siempre todo de la mejor forma que pueda, sin exigirse tanto que llegue a hacerse sentir que no vale, pues eso no hace más que alejar cada vez más la meta. Ello acarrea dolor, rencor hacia uno mismo y el riesgo de depender de otros o, incluso, de determinadas sustancias.

Si te equivocas y tienes bien sedimentados los valores cruciales para ti mismo, no habrá sido más que un ejercicio de autoconocimiento y de superación para encarar con coraje la salida de nuestra zona de confort. No puedes dar cada día el 100% de ti, pero sí puedes ser paciente, respetuoso, generoso y fiel a ti mismo. Piensa que tu camino al bienestar es el camino a la excelencia: la real, la auténtica, la que en tu interior significa lo más importante, que es vivir en plenitud y continuo aprendizaje.

Guía para evitar la incertidumbre y el caos

Tú mismo, conociéndote y dándote esa oportunidad de no caer en elucubraciones sin fundamento que derivan en un caos mental, sabes bien cuáles son tus valores. Muchos de ellos están en concordancia con grandes pensadores y creadores (muy dispares entre sí pero que coinciden en estos valores primordiales), como Descartes, Kant o incluso Barack Obama. De este último recomiendo su pódcast *Renegades: Born in the USA*,[37] junto a Bruce Springsteen, en el que hablan de la familia, las raíces y la voluntad de cumplir sueños saliendo de su caparazón limitante.

Como guía para ponerlo siempre todo en perspectiva, esta lista, que tú mismo puedes priorizar o ampliar, puede ayudarte cuando te encuentres en el atolladero mental y te tiente desconectar de ello (de forma contraria a tu voluntad de hallar paz y bienestar).

1. **Respeto,** tanto hacia ti mismo como hacia los demás. Ten en cuenta las opiniones de otros y su voluntad de empatía, pero evita caer en demasiados autojuicios y practica la escucha activa. Sé consecuente contigo mismo y alimenta tu alma siendo tu mejor amigo o amiga.

   Escúchate, apóyate, respétate especialmente ante tus dificultades y errores, a la vez que aprendes de ellos. Acepta lo que no te gusta de ti para sostenerte y avanzar. Aprecia tu día a día y tu proceso, tus esfuerzos por salir adelante sin alimentar el miedo. Clara Mosquera G., psicoterapeuta especializada en terapia de pareja, familia y desarrollo personal, explica en un artículo[38] que «para comprender el amor propio es necesario definirnos como personas, seres que venimos a experimentar la vida con todos los matices transgeneracionales, culturales y sociales, donde el crecimiento individual es lo que nos hace trascender y evolucionar. La mayoría de las personas aprendemos a amarnos a nosotras mismas, de acuerdo con el valor que nos dan los demás, porque eso es algo que hemos aprendido generación tras generación. Nos juzgan, nos limitan, nos dicen qué y cómo pensar, y estas programaciones las repetimos en las generaciones siguientes en mayor o menor medida».

Las falsas creencias basadas en la aprobación y la necesidad de ser aceptados las traducimos en crítica recurrente sin tener presente realmente cuál es, según nuestro equilibrio y experiencia, la diferencia entre lo que es «bueno» o «malo».

El *leitmotiv* es generar, como se define en el griego clásico, el concepto de conocer, del que se derivan incluso palabras como el agnosticismo, es decir, relativizar, reflexionar, respetar y ser consecuentes con nuestros valores. Evita a toda costa la arrogancia, proceda de ti o de otros.

2. **Hospitalidad.** Sé amable y presta atención a los demás. Recuerda la importancia y la gratitud mutua de ceder el puesto a otro en el transporte público, de ser correcto en la cola del supermercado, en la cafetería...

De la misma forma, practica la cortesía saludando y despidiéndote mirando a los ojos y, si puedes, sonriendo. La sonrisa fomenta la sensación de compañía mutua. La sociedad nos ha ido haciendo abandonar esa inocencia tan gratificante que teníamos de pequeños. Mientras que un niño puede sonreír 400 veces al día, uno de cada tres adultos solo sonríe unas veinte veces. Al igual que veíamos en el ejercicio de la herramienta

«Abráza(te)», recuerda que también puedes agradecer al otro cómo te hace sentir o incluso, por qué no, compartir un chiste en esos interminables momentos en un ascensor en los que, como mucho, solo nos atrevemos a hablar del tiempo.

3. **Amabilidad.** Decir con convencimiento *por favor, gracias, perdón* o *buen provecho* establecen lazos con mentes y corazones, a la vez que evitan la soledad y la frustración. Según Laura Isanta, cofundadora del Instituto del Bienestar, con sede en Argentina, hay que practicar la *apreciatividad*: «Aquí la pregunta clave es: ¿cómo quiere vivir su vida, buscando lo peor o lo mejor de la gente?».

4. **Responsabilidad.** Cumple con tus obligaciones y ten presente la importancia de trabajar para forjarte una buena autoestima a través del pensamiento positivo.

    Sé puntual y no hagas esperar o practiques esa creencia irracional del «hacerse desear». Tu vida es tuya, pero también los demás tienen la suya y si no eres constante ni tan siquiera con ellos, a la larga no te habrás permitido vivir tú mismo una vida sana y con el necesario temple para no caer en roles tóxicos o dependencias externas.

5. **Generosidad.** No hace falta hacer el gran regalo. Puedes, simplemente, pagar una bebida a tus compañeros o tener un detalle con alguien; no es necesario que sea una fecha señalada o celebres un acontecimiento especial. Son muchos los estudios sobre los niveles de serotonina que concluyen que invertir en los demás genera mayores niveles de bienestar y satisfacción, y que son más duraderos que cuando se gasta en uno mismo.

    Asimismo, el efecto de sorprender inesperada y gratamente al otro resulta muy beneficioso para tu propio estado de ánimo a la hora de mimarte a ti mismo. Porque una cosa no invalida la otra.

De ahí la importancia también de practicar el altruismo. Piénsalo. ¿Y si ayudas y regalas tiempo a desconocidos? Visita y expresa cariño a un enfermo o a alguien que se encuentre en soledad. Formar parte de una ONG evita la trampa del victimismo y la autodestrucción y genera una gran sensación de bienestar a la vez que nos aleja del narcisismo.

Nuevos hábitos

Para cultivar y asentar todos estos valores, recomiendo recuperar esas actividades que te gustaban cuando eras pequeño y tal vez cayeron demasiado en el olvido, desde ir en bici hasta cantar o tocar un instrumento musical, pasando por dibujar o incluso gozar de la naturaleza abrazando un árbol. Porque amarse a uno mismo no es algo sencillo ni banal, como vemos, y requiere de esfuerzo y un constante y verdadero trabajo interior.

Por último, no te olvides de conectar con tu niño o niña interior. Te ayudará a ser tu aliado y no tu enemigo a la hora de poner en práctica todos estos valores, tan necesarios siempre que te halles en una disyuntiva y temas que un rayo pueda partir tu barca de madera o una gran ola te haga perder tu flotador. Acógete, agárrate y alinéate con lo que dicta tu corazón. Ningún mar embravecido o situación agreste podrá entonces contigo.

Cuida el exterior tanto como el interior, porque todo es uno.

BUDA

TOCA TRABAJAR

EJERCICIO 12

Teniendo en cuenta la lista de valores que acabamos de ver, elabora la tuya propia con otros que consideres cruciales para ti. Crea tu propio listado según tu experiencia. Anota al lado circunstancias vitales que te hayan hecho darte cuenta de cómo han permitido arrojar luz cuando te encontrabas bajo los nubarrones de todo caos mental que se te presentó antes en la vida. Mantén a buen cobijo ese documento, ya que será muy útil si vuelves a sentir en tu interior ansiedades o dudas que resuenen a situaciones ya vividas.

CASO PRÁCTICO

No eres ningún superhéroe, ni para los demás ni para ti mismo. He tenido pacientes que piensan que pueden salvar a otras personas (incluso a ellas mismas) más a través de lo que les dicen que de lo que les dictan su experiencia y su consciencia interior, lo que supone daños colaterales a la hora de forjar una sana autoestima. Es ahí donde radica la importancia de la escucha activa y sus características.

Por eso recomiendo que, cuando alguien os pida ayuda, no la interrumpáis y prestéis total atención a lo que está diciendo. No os limitéis a ser todo oídos, prestad atención también a los gestos y a las palabras que emplea. Esa buena disposición incluye también no caer en las hipótesis o las suposiciones sobre lo que pretende o lo que sentimos que debemos hacer por él o ella. Muchas veces, si miramos a la cara de quien acude a nosotros y le escuchamos con atención, ya le estaremos ayudando, aunque cueste creerlo al inicio. Recuerda que esa persona te habla de lo que siente o de cómo percibe una situación, por lo que no debes imponer tu forma de verla o de afrontarla.

Un ejemplo. Un día un paciente me contaba cómo una amiga le expresaba lo triste que se sentía después de que su pareja la hubiese dejado por otra persona. Mi paciente, ante la desolación de verla de ese modo, empezó a decirle atropelladamente cosas para intentar mitigar su dolor. Su amiga, al contrario de lo que mi paciente quería logar, comenzó a sentirse cohibida, a encerrarse y a sentirse pequeña, cuando, en el fondo, solo buscaba sentirse escuchada por su amiga (mi paciente).

HERRAMIENTA 13

ENTUSIASMO

«Cada día, cuando te despiertes, piensa:
"Me siento afortunado de estar vivo/a.
Tengo una preciosa vida
y no voy a desperdiciarla"»
Dalai Lama

Existen cinco zonas en el mundo en las que la probabilidad de vivir más de 100 años es mucho más alta que en el resto del planeta. Y no solo eso, son las mismas en las que llegar a la vejez con una vitalidad y entusiasmo asombrosos es lo habitual. Los afortunados son los habitantes de Okinawa (Japón), las provincias de Nuoro y Ogliastra en Cerdeña (Italia), Loma Linda en California (EE. UU.), la península de Nicoya (Costa Rica) e Icaria (Grecia).

Fueron el astrofísico Michel Poulain y el gerontólogo Gianni Pes quienes marcaron en el mapa estas regiones y las denominaron «zonas azules». Los requisitos para lograr el «sello» de zona azul no pasan solo por tener una esperanza de vida mayor al del resto de los mortales, sino también por hallarse entre los que disfrutan de una vejez más saludable. Tras varios estudios, ambos científicos demostraron que en estos rincones del mundo se padecen menos enfermedades crónicas como la diabetes o el cáncer, así como demencia. Según los investigadores, las claves para lograr la vejez idílica no solo incluyen las típicas recomendaciones médicas de llevar una dieta equilibrada y realizar ejercicio de forma habitual. Como escribió el periodista Dan Buettner en un artículo publicado en noviembre de 2005 en *National Geographic*[39] (la portada que les generó más ventas de su historia), además de los hábitos saludables y los genes, la forma de vida tenía mucho que ver. En el artículo detallaba que el hecho de vivir en una comunidad en la que reine la paz, donde unos cuiden de los otros y se incentive el crecimiento personal en cualquier etapa de la vida, son fundamentales para seguir cumpliendo años y hacerlo con ilusión y energía.

El «ikigai»

La primera de la lista de estas zonas azules, Okinawa (Japón), concentra la mayor cantidad de centenarios del mundo y son los únicos que le han puesto nombre a su secreto, *ikigai*, algo que podríamos traducir como «vida con valor» o «razón de ser». Héctor García y Francesc Miralles explican con detalle esta forma de vida en su libro *Ikigai: los secretos de Japón para una vida larga y feliz*.[40] Tras pasar un tiempo con los lugareños, comprobaron que todos tenían «una motivación vital, una misión, algo que les daba fuerzas para levantarse de la cama por las mañanas».

Ya hemos visto a lo largo de estas páginas que la actitud con la que nos enfrentamos al día a día es determinante, tanto en el resultado de nuestras acciones como en nuestro bienestar emocional e incluso físico.

Pero ¿qué quieres hacer? En multitud de ocasiones confundimos felicidad/bienestar con hacer lo que nos apetece en cada momento y, lo que es peor, lo interpretamos como la idea más idílica de libertad. Hago lo que quiero porque soy libre y eso me hace feliz. Esta visión tan simple, por un lado, y tan individualista, por otro, representa la antítesis del secreto japonés. Además, está claro que nuestra sociedad nos permite materializar esa idea en contadísimas ocasiones, por lo que la frustración será una constante en nuestro día.

«El objetivo es identificar aquello en lo que eres bueno, que te da placer al realizarlo y que, además, sabes que aporta algo al mundo. Cuando lo llevas a cabo, tienes más autoestima, porque sientes que tu presencia en el mundo está justificada. La felicidad sería la consecuencia», decía Miralles en la presentación del libro.

Buscar esa tarea que te llena y con la que colaboras en un bien común puede ser una carrera de obstáculos, pero, tras leer estas páginas, ya cuentas con las herramientas necesarias para poder llegar a la meta. Hemos hablado de los miedos, de los que nos paralizan y de los que nos impulsan a salir de nuestra zona de confort y crecer, así como de la importancia de saber gestionar nuestras emociones, de aprender a querernos y, cómo no, de levantarnos si nos caemos, de ser resilientes.

Una dosis de motivación

¿Cuántas cosas haces al día bajo el pensamiento de «no me apetece nada»? ¿A cuántas de las tareas que tienes ahora pendientes les colgarías el cartel de «pereza»? Ya sé que es muy complicado encontrar una motivación para limpiar la cocina y que planchando no aportas ningún beneficio a la sociedad, pero si te digo que, en caso de encontrarlo, ese trabajo tan tedioso para ti lo realizarás en menos tiempo, ¿me crees?

Sentir la satisfacción de ver tu vitrocerámica reluciente o lucir una camisa sin una sola arruga sube pocos puntos la autoestima, pero estos ejemplos básicos y sencillos se pueden extrapolar a todas las actividades de tu vida. Desde esa parte monótona o aburrida del trabajo hasta la más apasionante, si cuentan con la motivación y la excitación justas el rendimiento está asegurado.

Y esto no lo digo yo. Hace más de un siglo, en 1908, los psicólogos Robert M. Yerkes y John Dillingham Dodson formularon la ley Yerkes-Dodson. Su estudio, publicado en el *Journal of Comparative Neurology and Psychology*, demostraba que el rendimiento y la excitación están directamente relacionados.

Esta ley siempre se suele representar con una forma de campana o de U invertida. En este gráfico se pone de relieve que, a medida que aumenta la excitación, lo hace también el rendimiento, pero que, al llegar a un punto de excesiva motivación, el rendimiento cae.

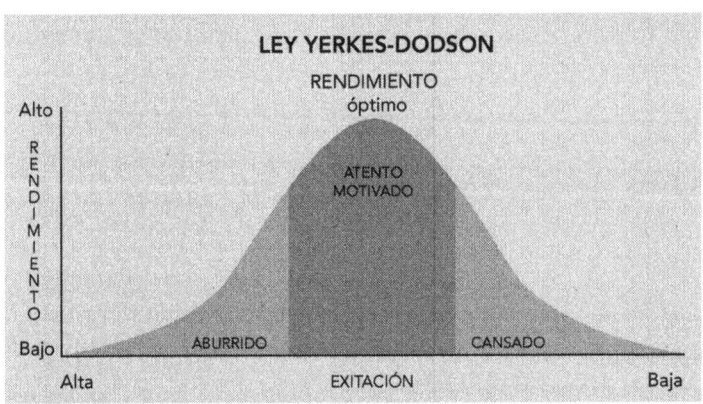

Si aplicamos esta ley a la vida cotidiana, podemos decir que cuando estamos motivados en una tarea la hacemos más rápido y mejor, pero ante una carga de estrés excesiva nuestro rendimiento cae en picado.

Y aquí surgen las preguntas que, hasta ahora, nadie ha podido responder: ¿cuál es nivel de excitación idóneo?, ¿qué provoca que al empezar un examen tu cabeza funcione al 100% o que se bloquee ante un ataque de ansiedad?, ¿dónde está el límite entre estar motivado y verse desbordado? Lo único que hay en claro es que esto depende tanto de la personalidad del individuo como de su capacidad para gestionar las emociones. Recuerda: el pensamiento llega de forma automática a mi mente, pero soy yo quien decide qué hago con él y cómo le permito que me afecte.

Motivación y entusiasmo

¿En qué se diferencian o se parecen estos dos términos? En muchos casos los podemos utilizar como sinónimos, pero, si ahondamos más en cada una de las palabras y su implicación, podemos decir que el entusiasmo es un elemento de la motivación, como lo son el deseo o la inspiración.

El entusiasmo parte de dentro, no necesita incentivos directos del exterior, es algo que crece en nosotros. Por el contrario, la motivación es la combinación de ese entusiasmo interior junto a la necesidad de realizar una acción concreta, de cumplir un deseo.

Existen multitud de trucos o consejos para potenciar la motivación, tales como plantearse pequeños objetivos, tener en cuenta los logros conseguidos, además de celebrarlos. Pero creo que lo complicado no es motivarse, la dificultad es no caer, es lograr que ese entusiasmo no se borre, que esa luz que brilla con tanta fuerza en los niños no se apague a medida que maduramos y comprobamos que hay millones de dificultades, barreras y baches que debemos sortear cada día.

Existe un término de origen militar que cada día está más de moda en el lenguaje empresarial y financiero y que nos puede ayudar a explicar cómo es el mundo que nos rodea actualmente. Se trata del acrónimo inglés VUCA, que podemos traducir como volatilidad, incertidumbre, complejidad y ambigüedad. Gracias a él, podremos definir nuestro presente.

Hasta hace no muchos años, las empresas planificaban su negocio en periodos que podían llegar a los diez años. Hoy eso es impensable. Y por si hasta hace poco alguien lo dudaba, la pandemia generada por el nuevo coronavirus fue la bofetada que les hacía falta para abrir los ojos y darse cuenta de que el mundo está enloquecido y que todo puede cambiar en un segundo. Así pues, saber mantener el equilibrio es vital para aprender a vivir.

A pesar de los muchos detractores que tiene la psicología positiva, esa corriente que nos dice que la actitud es vital para alcanzar nuestras metas, la experiencia del día a día me dice que sí, que un mensaje motivador, que una pequeña recompensa, que una mano que se tiende cuando menos te lo esperas puede ser esa chispa que vuelva a encender el entusiasmo y lograr que el motor de nuestra vida siga rugiendo con fuerza.

Seguramente el camino será más intenso de lo que imaginabas, pero espero que estas herramientas sean tu compañero esperanzador y especialmente útil cuando el caos mental se interponga en el camino a tu bienestar.

Haz de tu vida una obra de arte,
esforzándote cada día por sacar lo mejor de ti.
V. KÜPPERS

BIBLIOGRAFÍA

Herramienta 1: Equilibrio
1. Piaget, Jean, *Seis estudios de psicología*, Seix Barral, 1964
2. Pert, Candace, *Molecules of emotion*, Touchstone, 1997
3. Covey, Stephen R., *Los 7 hábitos de la gente altamente eficiente*, Planeta, 1989

Herramienta 2: Consciencia
4. James, William, *The principles of psychology*, Henry Holt & Company, 1890
5. Koch, Christof, *La búsqueda de la consciencia: un enfoque neurobiológico*, Roberts & Company Publishers, 2004
6. Ray, Amit, *Mindfulness. Living in the moment, living in the breath*, Inner Light Publishers, 2015
7. Gross, James, *Handbook of emotion regulation*, Guilford, 1999

Herramienta 3: Resiliencia
8. Maslow, Abraham, *Una teoría sobre la motivación humana*, Wilder, 1943
9. Lyubomirsky, Sonja, *La ciencia de la felicidad*, Urano, 2007
10. Cyrulnik, Boris, *Resilience: How your inner strength can set you free from the past*, Penguin Books, 2009

Herramienta 4: Emociones
11. Ekman, P.; Friesen, W. V. «The repertoire of nonverbal behaviour: Categories, origins, usage, and encoding». *Semiotica*, 1969
12. Sloman, Aaron, *Why robots will have emotions*. University of Sussex, 1981
13. Cannon, Walter B., *Bodily changes in pain, hunger, fear and rage*, Appleton, 1929
14. Goleman, Daniel, *Inteligencia emocional*, Kairós, 1996
15. Salovey, Peter *et al.*, *Emotional intelligence: Key readings on the Mayer and Salovey model*, Dude Publishing, 2004

Herramienta 5: Miedos
16. Bayés, Ramón, *El reloj emocional*, Plataforma editorial, 2017

Herramienta 6: Culpabilidad
17. Cohen Asse, Jenny, «La autoexigencia como generador de estrés, angustia y vacío existencial», *A Fondo*, 2002

Herramienta 7: Creencias irracionales
18. Ellis, Albert, «The ABC's of RET», *The Humanist*, 1991
19. Humphrey, Albert, *Management consulting, transformation of culture, SWOT analysis*, Harvard University, 2010

Herramienta 8: Aceptación
20. Malkin, Craig, *Rethinking narcissism*, Harper Perennial, 2021
21. Wong, Brittany, *www.huffingtonpost.es/entry/positividad-toxica-bajo-de-animos_es_5fod956fc5b648c301ef5988*
22. Linares, Rosario, *www.elpradopsicologos.es/blog/aceptacion-aceptar-realidad*
23. Linares, Rosario, *Resiliencia o la adversidad como oportunidad*, Espuela de Plata, 2017

24. Linares, Rosario; Egido, Ana María, *Duelo y resiliencia. Guía para la reconstrucción emocional*, Anaya, 2019
25. Flauvert, Gustave, *Madame Bovary*, Siruela, 2014

Herramienta 9: Abráza(te)
26. Barbery, Lía, *El lenguaje de los abrazos*, Mandala, 2007
27. Pueblo, Yung, *Hacia dentro*, Urano, 2019
28. Belart, Ascensión, *Un viaje hacia el corazón*, Herder, 2014

Herramienta 10: Autocompasión
29. Nadal, Maria Victoria S, *https://retina.elpais.com/retina/2019/07/26/talento/1564172543_034603.html*
30. Glover, Neandra, *Set boundaries. Find peace*, Penguin Random House, 2021
31. Edwards, Gill, *El triángulo dramático de Karpman*, Gaia Ediciones, 2011
32. Platón, *Apología de Sócrates*, Gredos, 2014

Herramienta 11: Zona de confort
33. Bandura, Albert, *Teoría del aprendizaje social*, S. L. U. Espasa Libros, 1987
34. García-Allen, Jonathan, *www.psicologiaymente.com/coach/salir-zona-de-confort-claves*
35. Gardner, John, *Self-renewal: The individual and the innovative Society*, Norton & Company, 1995

Herramienta 12: Valores
36. Ruiz, Miguel Ángel, *Los cuatro acuerdos*, Urano, 1998
37. Obama, Barack; Springsteen, Bruce, *Renegades: Born in the USA*, Spotify, 2020
38. Mosquera G., Clara, *www.psicologia-online.com/escucha-activa-caracteristicas-ejercicios-y-ejemplos-4348.html*

Herramienta 13: Entusiasmo
39. Buettner, Dan, *www.nationalgeographic.es/ciencia/2017/06/te-desvelamos-los-secretos-para-vivir-hasta-los-100-anos*
40. García, Héctor; Miralles, Francesc, *Ikigai: Los secretos de Japón para una vida larga y feliz*, Urano, 2016

OTROS TÍTULOS DE INTERÉS

Amat
editorial

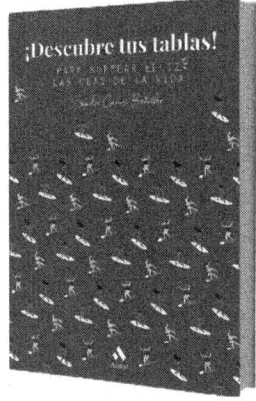

¡Descubre tus tablas!
Sandra Camós
ISBN: 9788418114540
Págs: 208

A partir de la premisa de que en nuestra vida tiene mucha más importancia el modo en que reaccionamos ante las cosas que nos suceden que las cosas en sí mismas, Sandra Camós propone unos sencillos y prácticos consejos y fórmulas (sus famosas «tablas») para descubrir lo mejor de nosotros mismos y sacar partido de los retos que nos brinda la vida. Súbete a las tablas para surfear a tu yo o para aprender a surfear con amor del bueno y disfruta de todas las olas, pequeñas o grandes, que quiera mandarte la vida.

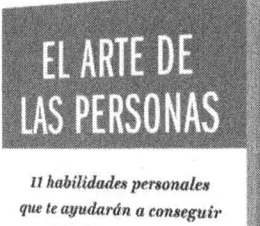

El arte de las personas
Dave Kerpen
ISBN: 9788418114663
Págs: 232

En un mundo en el que estamos constantemente conectados y en el que las redes sociales se han convertido en la principal forma de comunicación, la clave para salir adelante es ser la persona que gusta a los demás, a quien respetan y en quien confían. Porque no importa quién seas tú o cuál es tu profesión, el éxito depende menos de lo que tú puedas hacer por ti mismo, que de lo que otras personas estén dispuestas a hacer por ti. Dave Kerpen ofrece 53 hábitos, fáciles de ejecutar y, a menudo, contrarios a la intuición, para aprender a dominar las 11 habilidades personales que te ayudarán más de lo que te puedas imaginar en el trabajo, en el hogar y en la vida.

www.amateditorial.com